**취향은 어떻게
계급이 되는가**

취향은 어떻게
계급이 되는가

나영웅 지음

주어진 삶에서 벗어나

나만의 방향을 찾아주는 안내서

지음미디어

✦ 차례 ✦

3장 ✦ 취향 계급

4장 ✦ 취향 독립

취향에 관하여

◆

"어느 날 눈이 시릴 정도로 새파란 색을 품은 모모라는 아이가 태어났다. 색깔이 너무 맑고 예뻐 모모를 사랑하는 사람들이 많았다. 모모는 자기만 지니고 있는 푸르름을 뽐내며 자유분방한 삶을 살았다. 어느새 성장한 모모는 학교에 들어갔다. 학교는 모모에게 하지 말아야 할 것을 알려주는 첫 번째 사회였다. 학교를 마치고 돌아올 때마다 모모의 새파란 색은 점점 하늘색으로 옅어졌다. 학교를 졸업한 후 모모는 회사에 들어갔다. 회사 사람들은 모두 회색 인간이었다. 모모는 얼마 남지 않은 자신의 색깔을 잃을까 두려웠다. 그러던 어느 날 거울 앞에 선 모모는 깜짝 놀랐다. 모모의 하늘색은 모두 사라졌고 어느새 자신도 말쑥한 회색 신사가 되어있었다. 모모는 겁에

질려 눈물이 났다. 주위를 둘러보니 모두가 회색 신사였다. 그들은
모두 눈물을 참고 있었다."

나에게는 가장 좋아하는 영웅이 두 명 있다. 이들은 공교롭게도
모모라는 같은 이름을 가지고 있다. 첫 번째 모모는 미하엘 엔데의
동화『모모』에 나오는 소녀이고 두 번째 모모는 에밀 아자르의 소설
『자기 앞의 생』에 나오는 소년이다.

미하엘 엔데의 '모모'는 회색 신사들에게 시간을 허망하게 빼앗
기는 친구들을 구하기 위해 홀로 맞서 싸우는 용감한 소녀다. 이야
기 속 모모의 친구들은 지금을 살아가는 현대인의 모습을 투영하고
있다. 돈을 벌기 위해 최대한 시간을 아끼고 그렇게 아낀 시간은 다
시 돈을 벌기 위해 사용하며 스스로를 혹사한다. 모모는 시간 함정
에 빠진 친구들을 구하기 위해 회색 신사를 끝까지 쫓는다.

에밀 아자르의 '모모'는 부모에게 버림받은 소년으로, 자신을 길
러준 병든 할머니와 함께 살아간다. 너무 일찍 철이 든 모모는 어린
아이답지 않게 줄곧 냉소적으로 사회를 비난하는데 그의 냉소는 사
회를 관통하는 어른의 시선처럼 느껴진다. 그런 어른스러움 사이에
언뜻언뜻 내비치는 어린아이의 순수한 치기를 보고 있으면 웃음이
절로 난다. 비록 사회는 그들을 버렸지만, 할머니와 모모는 마지막
까지 서로를 돌보며 소중한 삶을 지켜낸다.

소중한 것을 지키기 위해 당당히 사회와 맞서는 두 아이가 마치
현실에서 어떻게 해서든 벗어나려고 발버둥 치는 나를 구원해 주려

는 것 같아, 나는 이들을 더욱 응원하고 사랑할 수밖에 없었다. 책의 서두에 두 모모를 소개한 이유는 용기에 관해 먼저 이야기하고 싶었기 때문이다. 나만의 취향을 확립하고 사회 구조로부터 독립하기 위해서는 자극적인 사회를 정면으로 바라볼 용기가 필요하다.

내가 가장 두려워했던 시기는 첫 직장인 스타트업을 다닐 때였다. 당시 대한민국은 스타트업 부흥기였다. 애플과 아마존이라는 글로벌 기업의 주식 가치가 끝도 없이 상승했고, 갑자기 벼락부자가 된 스타트업 창립 멤버들의 이야기가 영웅담처럼 떠돌았다. 방송에서는 한국 청년들의 높은 '공무원 선호도'를 비난하며, 도전정신이 투철한 스타트업 신화를 옹호했다. 그때도 지금처럼 청년취업률이 심각한 상황이었고 새롭게 등장한 스타트업이라는 신흥 비즈니스 집단이 젊은 인력들을 빨아들였다. 스타트업들은 노력하고 버티면 성공을 쟁취할 수 있다며 청년들에게 꿈과 희망을 전파했고 자신들이 만든 엉성한 로켓에 탑승시켰다. 나는 당시의 스타트업 성공담에 취해있었다. 남들보다 더 빨리 경제적으로 성공하고 싶었고 스타트업이 그 기회를 열어줄 행운의 열쇠라고 생각했다. 아이러니하게도 그때 중견 마케팅 회사에 동시 합격한 상태였는데 그 기회를 포기하고 훨씬 낮은 연봉의 스타트업을 선택했다.

스타트업 노동자의 삶은 만만치 않았다. 스타트업 멤버들은 대부분 시간을 볼모로 잡힌 노동자들이었다. 포괄임금제라는 이름 아래 가용한 모든 시간을 회사에서 보냈다. 나의 작고 소중한 월급은 옥탑방의 월세와 식비 그리고 학자금 대출 상환을 겨우 충당했다. 그야말로 근근이 살아가는 수준이었다.

그럴수록 나는 더욱 일에 매달렸다. 이 로켓을 얼른 가열시켜 날 아올라야 한다는 책임감으로 스스로를 채찍질했다. 매일 반복되는 번아웃과 시간의 가난함에 삶은 메말라갔다. 주말은 평일보다 조금 더 느슨하게 일하는 시간이었고 명절에는 부모님께 안부 전화만 겨우 남기고 회사로 출근했다. 취미 생활은 너무도 사치스럽게 느껴졌다. 방에는 플라스틱 편의점 도시락이 쌓여갔다.

어느 날 문득, 내가 너무 색깔 없이 살아가고 있다는 생각이 들었다. 밝고 빛나던 나의 취향은 모두 어디로 가버린 것일까? 지금의 무미건조한 모습이 내가 스스로 선택한 결과인지 누군가가 강요한 선택의 결과인지 구분하기 어려웠다. 이런 상황을 도저히 견딜 수 없어 회사를 그만두겠다고 여러 번 선언하기도 했다.

그렇게 기존의 스타트업에서 3년을 일하고 난 후 운이 좋게 평소 가고 싶었던 회사로 이직할 수 있었다. 매출 규모가 더 크고 성장도 가파른 곳이었다. 나는 지난 10년간 스타트업 씬에서 일하며 운 좋게도 매년 평균 10% 이상의 높은 연봉 인상률을 겪어왔다. 시작 연봉이 적어서 가능한 인상률이었다. 하지만 개인으로 치면 큰 소비의 굴곡을 경험할 기회였기도 했다. 200만 원대의 월급을 받을 때는 5평 원룸에서 사용할 식기를 사러 다이소에 갔었다. 300만 원 이상부터는 원룸은 투룸 전셋집으로 바뀌고 가구를 사기 위해 최저가 순이 아닌 취향에 맞는 품질 좋은 물건을 선택할 수 있었다. 내가 이런 다양한 소비 계층을 경험하면서 가장 크게 느낀 것은 바로 선택의 자유였다.

사용하는 브랜드들도 모두 바뀌었고 사는 집의 컨디션도 바뀌고 심지어 참여할 수 있는 모임의 범위도 달라졌다. 나의 기본적인 소양은 크게 변하지 않았지만 향유할 수 있는 문화의 가치만큼 내가 만날 수 있는 사람도 달라졌다.

소득이 낮은 시기에는 공연이나 미술관에 가는 문화상품을 모두 사치라고 여겼다. 비싼 돈을 내고 관람을 해도 아무것도 얻을 것이 없다고 그 가치를 깎아내렸다. 내가 한 선택 하나하나가 나를 더 가난하게 만들 거라는 불안감 때문에 결국 아무것도 선택하지 못했다. 결국 떠밀리고 떠밀려 문화적 양식이 현저하게 모자란 가성비 상품을 고르게 되는 것이다. 그렇게 나의 취향은 자본주의 논리에 잠식되어 있었다.

그때부터 취향에 대해 생각했다. 취향이란 무엇일까? 취향은 타고나는 것일까? 사회적으로 강요받는 것일까? 나의 취향은 무엇에 영향을 받았을까? 이런 고민을 시작으로 취향에 관해 탐구하기 시작했다.

취향에 대해 파고들다 보니 우연히 피에르 부르디외라는 학자를 만나게 되었다. 취향은 고귀한 안목과 타고난 미의식의 공통 감각이라고 말하는 칸트와는 달리, 부르디외는 취향은 사회가 만들어 낸 계급적 구별짓기라고 말한다. 소득에 따른 소비가 계층화된 구조 안에서 우리의 취향은 자유로울 수 없다는 말이다. 벼락같은 한마디였다. 모든 문제의 책임을 개인에게 전가하는 비정한 세상에서 투쟁할 수 있는 무기를 발견한 것이다.

부르디외는 한 시대를 풍미한 최고의 지식인으로서 명성을 남긴 학자다. 하지만 그는 차별과 구별의 틈바구니에서 끊임없이 투쟁하는 작은 시골 마을의 학생이었다. 지금의 우리와 똑같은 고민을 하며 오랫동안 답을 찾아 헤맸던 부르디외는 남들이 보기에는 근본 없는 핏줄에 벼락출세한 지식인이었으나 결국 적극적인 참여와 성찰로 예외적인 성공을 이룬다.

이 책을 통해 취향에 대한 세 가지 질문을 함께 이야기해 보고자 한다. 우리가 지금 열광하고 있는 취향은 무엇인가? 우리가 살아가는 사회 속에서 취향은 어떻게 작동하는가? 그래서 우리는 어떻게 삶의 대가로 살 수 있을 것인가? 이 책은 사회학의 어려운 이론을 쉽게 알려주기 위한 책이 아니다. 격차를 뛰어넘는 계급 상승의 비법을 알려주는 것 또한 이 책의 목적이 아니다. 이 모든 불공평함이 비도덕적 상류 계층이 만든 사회 시스템이 문제라는 걸 증명하고자 쓰는 책은 더더욱 아니다. 사회 구조 속에서 나 자신을 객관적으로 인식할 수 있도록 돕는 부르디외의 사회학을 조금 더 쉬운 글로 나누고 싶었다. 이 도구가 누군가에게는 자기 삶의 변화를 주는 무기가 되어주기를 바란다. 그리고 당신 주변의 모든 좋지 않은 상황이 온전히 당신의 잘못만은 아니라는 걸 전하고 싶다. 소음과 강요로 가득한 시대에 모든 결과의 잘못을 자기 자신에게만 돌리는 사람이 너무 많다. 어떤 잘못은 개인보다 사회 구조적인 문제에서 온다. 그러므로 우리는 개인을 탓하는 쉬운 길을 선택하기보다 문제의 구조를 똑바로 들여다볼 용기가 필요하다.

1장

취향 자본

1

취향의 차이가
사회적 신분을 구별 짓는다

어떤 문장을 보고 전율을 느끼는 경험은 흔치 않다. 그렇기 때문에 그런 경험을 선사한 문장을 만나게 된다면 실로 그 문장은 평소 당신이 간직하고 있던 생각을 완벽하게 대변한 것일 가능성이 크다. 나는 피에르 부르디외의 『구별짓기』의 이 문장을 통해 그런 경험을 했다.

"취향의 차이가 사회적 신분을 구별 짓는다."

21세기 민주주의 국가에서 사회적 위치나 계급을 구별하는 '신분'

이라는 단어에 괴리감이 느껴져야 정상이다. 하지만 보이지 않는 벽을 오랫동안 느껴왔던 나에게 저 문장은 마치 도끼로 내려친 것처럼 나를 각성시켰다. 누구도 자신의 계급에 관해 이야기하지 않지만 우리는 모두 어떤 계층으로 분류되고 있다. 자유 의지라고 생각했던 취향은 나의 의지보다 계급을 따르고 있다. 우리는 지금 무엇으로 구분되고 있는 것일까?

우리는 끊임없이 타인과 관계에서 서로의 취향이 충돌하는 경험을 한다. 직장에서 팀원들과 점심 메뉴를 고를 때, 연인과 같이 볼 영화를 고를 때, 친구들과 함께 여행지를 고를 때 거의 모든 상황에서 타인의 취향과 충돌하고 수용하고 반대하는 경험을 한다. 그리고 우리는 이러한 경험을 단순히 '취향 차이'라는 말로 간단히 정리한다. 나와 타인의 취향이 충돌하는 일은 일상에서 빈번하게 일어나기 때문이다. 부르디외는 이 빈번한 취향의 차이가 결국 신분을 구별하는 중요한 기준이라고 말한다.

부르디외의 『구별짓기』는 개인의 취향이 사회적 계급에 따라 구별되는 것을 밝힌 책이다. 클래식을 듣는 사람과 대중가요를 듣는 사람, 장르 소설을 읽는 사람과 세계문학을 읽는 사람, 인스턴트 식품을 먹는 사람과 신선 식품을 먹는 사람 등 우리가 익히 아는 일상의 문화적 취향을 기준으로 사람들의 계급이 극명히 구분되는 사례를 차곡차곡 정리했다. 예를 들자면 일주일에 떡볶이를 몇 번이나 먹는지, 즉석 떡볶이를 좋아하는지 시장 떡볶이를 좋아하는지, 밀떡과 쌀떡 중 어떤 걸 좋아하는지로 한 사람의 계급을 분류할 수 있다는 것이다.

일반적으로 부동산, 주식, 현금 등 거래를 통해 수익을 낼 수 있는 재화를 자본으로 인식한다. 부르디외는 더 나아가 인간의 기호로만 여겼던 취향이라는 추상적인 개념을 인간이 가질 수 있는 무형의 자본으로 개념을 확장했다. 개인이 가지고 있는 문화, 학력, 관계가곧 미래에 경제적인 수익을 만들어 내는 자본이라는 것이다. 부르디외는 인간의 다양한 취향이 충돌하는 하나의 사회를 『구별짓기』라는 책에 담았다.

프랑스의 취향을 수집한 괴짜 학자 부르디외

부르디외의 『구별짓기』는 그가 1963년 프랑스의 시민을 대상으로한 대규모 취향 조사의 과정과 결과를 담은 책이다. 부르디외는 그가 만든 유럽 사회학연구소의 연구팀과 함께 파리를 포함한 프랑스 3개 지역에서 1,217명의 프랑스인을 대상으로 대규모 취향 조사를 시작했다. 이 조사에는 노동자, 자본가, 고학력자 등 다양한 사회 계층을 대표하는(성별, 소득, 지역, 학력 등) 시민들이 참여했다. 부르디외는 참여자의 취향에 대한 질문을 25개 항목으로 나누어 준비했다. 영화, 음악, 미술, 독서, 음식, 스포츠, 휴가지, 집을 꾸미는 스타일 등 다양한 분야의 질문으로 참여자의 선호도를 조사했다. 그는 이 조사를 통해 개인의 취향이 단지 개인의 자유 의지만으로 형성되는 것이 아니라 사회의 구조적인 환경이 개인의 취향을 어느 정도 결정짓고 있다고 주장한다. 부르디외가 실제로 조사에서 사용한 몇 가지 질문과 연구 결과를 살펴보자.

기본 조사표

성별 :

생년 :

결혼 여부 :

자녀 수 :

주소 :

거주 연수 :

이전 주소 :

최종 학력 :

직업 :

부친 및 조부의 최종 학력 :♦

수입 :

♦   해당 항목은 원문에 있는 질문을 그대로 가져온 것으로, 시대적 상황을 참고하여 읽어주시길 바란다.

부르디외의 취향 질문 예시

1. 당신은 어디에서 가구를 샀습니까?

2. 집에 손님을 초대할 때 어떤 음식을 대접합니까?

3. 당신의 취미는 무엇입니까?

4. 클래식에 관한 내용 중 당신의 의견과 가장 가까운 것은?

5. 다음 중 좋아하는 영화의 장르를 3개 골라주십시오.

6. 다음 중 좋아하는 종류의 책을 고르시오.

7. 다음 중 좋아하는 화가 3명을 고르시오.

8. 다음 곡 중 알고 있는 작품을 고르고 작곡자 이름을 답하시오.

9. 박물관에 간 적 있습니까? 간다면 얼마나 머무르는지 답하시오.

이 질문들을 조금 더 이해하기 쉬운 질문으로 바꿔보면 아래와 같다. 찬찬히 아래의 보기에서 본인의 취향에 맞는 답안을 골라보자.

1. 당신이 즐겨 먹는 음식을 아래 보기에서 골라주세요.

ⓐ 라면   ⓑ 김밥   ⓒ 김치찌개

ⓓ 샐러드   ⓔ 한우갈비   ⓕ 해물찜

2. 당신이 주로 참여하거나 관람을 즐기는 운동은 무엇인가요?

ⓐ 골프   ⓑ 승마   ⓒ 테니스   ⓓ PT   ⓔ 축구   ⓕ 복싱

3. 당신이 즐겨 듣는 음악을 아래 보기에서 골라주세요.

ⓐ 피아노 앨범   ⓑ 성악   ⓒ 힙합   ⓓ 대중가요   ⓔ 뮤지컬

4. 당신은 주로 어떤 유형의 영화를 즐겨 보나요?

ⓐ 독립영화   ⓑ 예술영화

ⓒ 로맨스 코미디 영화   ⓓ 블록버스터 액션영화

5. 당신이 좋아하는 소설의 장르는 무엇인가요?

ⓐ 세계문학   ⓑ 맨부커상 수상작

ⓒ 미스터리/스릴러   ⓓ 로맨스   ⓔ SF

1번 음식 취향은 인간이 접하는 가장 기본적인 문화 활동이다. 부르디외는 각 계층이 주로 어떤 식료품을 구매하는지 순위를 살펴봤다. 상류층인 교수 또는 고위 관리직이 주로 구매하는 식료품은 기름기가 적은 소고기와 달콤한 디저트, 신선한 과일과 채소였다. 반면에 육체노동자의 경우 돼지고기, 말린 채소, 빵 등을 주로 소비했다. 상류층은 영양이 풍부한 식료품과 술과 디저트와 같은 쾌락을 즐기는 기호식품 지출이 많았다. 반면 노동자의 경우 에너지 보충에 필수적인 식료품을 주로 구매하는 경향이 있다. 소득이 음식을 구매하는 데 큰 영향을 주는 요인인 것은 명확하다. 하지만 소득이 음식의 취향을 가르는 절대 요인은 아니었다. 노동자 중에 사무직의 경

우 건강과 몸매를 관리할 수 있는 식단을 주로 선호했고 사회적 지위가 상승한 경우에도 균형 잡힌 식단을 선택했다. 균형 잡힌 식사는 사회적으로 높은 계층을 뜻하기도 하지만 어떤 직업군은 타인의 시선에서 자유롭지 못하다는 것을 보여주고 있다.

음식 취향은 현재도 마찬가지다. 1번 질문의 보기 중 ⓓ 샐러드, ⓔ 한우갈비, ⓕ 해물찜은 원재료가 모두 신선 식품이다. 신선 식품은 유통기한이 짧고 유통 비용이 든다. 이런 이유로 햄이나 라면 같은 가공식품보다 가격이 비싸고 가까운 곳에서 구하기 쉽지 않다. 현재 사회 기준으로는 신선 식품의 접근성이 우리의 음식 취향을 가를 수도 있다.

나는 독립하기 전에 4인 가족이었고 20대와 30대 중반에는 1인 가구였으며 지금은 2인 가족으로 살고 있다. 이 변화를 거치면서 가장 크게 변화한 것은 바로 음식이다. 1인 가구였을 때 매번 외식을 했고 조리가 필요한 신선 식품은 사지 않았다. 1인 가구는 경제활동의 최소 단위로 다른 가구보다 소득이 높지 않다. 대량 구매로 가격을 낮출 수도 없다. 비싸고 보관이 어려운 신선 식품과는 더욱 멀어질 수밖에 없다. 내가 유일하게 과일과 채소를 충분히 섭취할 기회는 누군가의 결혼식에 참석하여 뷔페를 먹을 때뿐이었다. 1인 가구는 나 외에 누군가와 음식을 함께하는 경험이 적기 때문에 음식을 먹고 즐기는 문화도 없다. '2022년 청년 삶 실태조사'에 따르면 1인 가구 청년의 절반 이상은 혼자 식사하고 주 2회 이상 외식을 한다. 이들의 평균 생활비는 161만 원인데 이 중 가장 큰 항목이 식료품비로 48만 원이다. 이처럼 음식 취향은 소득, 가구의 형태, 음식에 대한 경험 등 다양한 요소가 영향을 미친다. 문제는 우리의 음식 취향에 큰 영향을 끼치는 소득이나 가구의 형태는 개인이 선택이 아닌 자신의 생존을 위한 최선의 결정에서 기인하였다는 것이다.

2번 운동은 단순히 문화로서 운동을 즐기는 것 외에 각 계층의 체력과 체형과도 연관이 밀접하다. 만약 본인이 ⓓ PT를 골랐다면 '구별짓기'에 따라 중간계급이라 볼 수 있다. 중간계급은 타인의 시선에 민감하여 자신을 단련하고 꾸미는 운동을 주로 한다. 상류 계급은 ⓐ 골프 ⓑ 승마 ⓒ 테니스를 주로 선택한다. 이들은 오래전부터 귀족들이 즐겼던 스포츠로 비용이 많이 들고 매너가 중시되는 등의 제약이 있다. 반면 축구와 복싱은 서민층에서 좋아하는 스포츠로 분류된다. 고통을 이겨내고 승리를 달성하는 걸 선호하는 것이다. 서민에게 자본은 자기 자신뿐이다. 오직 몸으로 경쟁하는 이 스포츠들은 위험하지만 가장 평등하다.

3번~5번은 우리가 흔히 접하는 영화와 음악 같은 문화 콘텐츠 취향이다. 이 질문은 대중적인 것과 대중적이지 않은 것에서 갈리는 편이다. 단순한 재미와 쾌락을 추구하는 문화 장르를 일반 대중인 노동자가 주로 소비한다. 노동자는 대체로 예술을 소비하거나 사유할 시간이 적다. 실패를 줄이려면 비교적 단순하고 직관적인 재미를 쫓는다. 1,000만 관객 영화, 월간 베스트셀러 등 대중을 통해 검증된 작품을 소비한다. 클래식, 명화, 세계문학처럼 계보를 알아야 하고 해석이 필요한 예술은 충분한 교육을 받고 꾸준히 그것들을 경험해 온 상류 계층에서 주로 소비한다. 이 소비를 가르는 것은 예술을 이해하고 해석하는 교양의 깊이다. 부르디외는 이것을 '문화 자본'이라고 부른다. 문화 자본은 가정이나 학교의 교육을 통해 작품을 인식하고 해석하는 능력을 길러준다. 이는 곧 학력 자본으로 연결된다. 부르디외는 취향 조사를 통해 참여자의 학력에 따라 선호하는 문화 콘텐츠 장르가 갈리는 것을 확인했다.

이런 끔찍한 사진이 아름답다고?

『구별짓기』 내에 나오는 취향 조사 중에 눈길을 끄는 항목이 있었다. 바로 노파의 손을 찍은 사진을 보여주며 계층별 반응을 정리한 자료다. 지금 보고 있는 사진이 당시 사진과 유사한 이미지다. 여러분도 이 사진을 보고 떠오르는 감상을 정리해 보자. 본인의 생각을 정리했다면 다음의 반응과 비교해 보자.

[서민 계급]
"맙소사, 어떻게 저렇게 손이 삐뚤어질 수 있나!"
"저런 노파의 손을 봐야 한다니 딱히 기분이 좋지만은 않군."

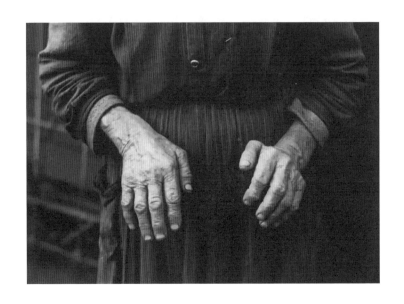

[중간 계급]

"노동에 의해 닳고 닳은 손"

"사진으로 찍은 듯한 그림이군. 실제로 그림처럼 아름답군요."

"초기 반 고흐의 그림에 나오는 손, 즉 감자를 먹는 노인의 손과 비슷하네요."

[상류 계급]

"너무 일을 많이 한 사람의 손으로 아주 힘든 노동을 한 모양이군요."

"아주 아름다운 사진입니다. 노동의 상징 자체라고 할 수 있죠. 플로베르의 늙은 하녀 생각이 나는군요. 한때는 인간적으로 보였을 사람의 모습

을 노동과 가난이 그토록 비참하게 뒤틀어 버리다니 참으로 끔찍하군요."♦

위 사진에 대한 답변을 살펴보면 서민 계급의 대답은 단순하고 직선적이다. 다른 사물과 비교하거나 자기 경험을 끌어오지 않고 느끼는 그대로 답변한다. 반면에 중간 계급과 상류 계급은 단순히 사진이 보여주는 외적인 모습 외에 사진이 가지고 있는 숨겨진 배경을 보려고 한다. 이 사진과 연관된 작품을 찾아 어떤 의미를 찾으려고 노력하는 모습을 보여준다. 중간 계급이 사진을 보고 반 고흐의 그림을 운운하는 건 다분히 교양이 있어 보이는 답변으로, 자신의 답변을 통해 지적 소양을 내보이길 원했을 것이다. 상류 계급부터는 노파의 손이 아름답다는 표현이 등장한다. 외적으로는 보기 불편하더라도 심미적인 아름다움을 이야기하는 여유를 보여준다. 예술은 이러한 계층의 구분을 가장 쉽게 이룰 수 있는 상류층의 재료다.

이러한 사례는 소설 분야에서도 일어난다. 과거에는 로맨스, 추리, 미스터리 소설을 통속 소설이라 불렀으며, 누구도 통속 소설을 좋아한다고 마음껏 표현하지 않았다. 세계문학으로 불리거나 노벨문학상을 받는 등 복잡한 시대적 메시지가 담긴 도서만큼 자신을 현명한 사람 또는 가치 있는 사람이라는 이미지를 만들어 주지 못하기

♦　취향의 정치학, 홍성민 저, 현암사, 2012

때문이다. 결국 상류 계층이거나 상류 계층을 동경하는 계층의 사람은, 어떤 작품을 좋아하냐는 물음에 불편하고 해석이 일어나야만 즐거움을 찾을 수 있는 영화감독의 작품 또는 그런 소설가의 작품을 말하기 마련이다. 이처럼 예술 작품은 해당 예술을 주로 소비하는 계층에 의해 고급문화와 저급문화로 나뉘었다.

이렇듯 취향은 각각의 사람들이 어떤 계급에 속해있는지를 보여주는 것뿐 아니라 해당 분야에서 얼마나 전문성을 가졌는지 그 위치를 드러내 주는 좋은 기재가 되어준다. 약 60년 전에 진행한 부르디외의 연구가 여전히 흥미로운 이유는 시간이 지나도 문화 취향의 계급적 구분이 오늘날 우리 사회에도 작용하고 있기 때문이다.

계층 구분

부르디외가 구분한 아래의 계층은 20세기 프랑스 시민을 대상으로 구분한 분류이다. 부르디외는 직종별로 계급을 구분하였는데 이 직종에는 소득 수준, 학력 수준 등이 포함되어 있다. 몇몇 직종의 이름만 변경한다면 지금 사회의 계급분류라고 말해도 위화감이 없을 정도로 큰 변화는 없었다.

상류 계급 구분

- 상공업 경영자 : 대기업 경영자, 고위 임원진
- 상급 관리직(공기업, 사기업 관리직) : 외교관 등 5급 이상 공무원
- 교수 : 대학교수, 박사학위 이상의 교육자
- 상급 기술직 : 의사, 반도체 기술자, 항공사 기장
- 예술인 : 미술가, 건축가, 영화감독, 클래식 연주자

중간계급 구분

- 공예장인 : 무형유산 도자기 장인
- 의료·보건 서비스직 종사자 : 간호조무사, 응급구조사 등
- 문화매개자 : 방송 종사자, 박물관·미술관 종사자
- 일반관리직, 사무노동자 : 중소기업 팀장 및 일반 회사원
- 일반 기술직 : 열차 수리, 엘리베이터 수리
- 교사 : 초·중·고 교사
- 소상인 : 자영업자
- 중소기업 경영자 : 20인 미만의 소규모 회사

민중 계급 구분

- 단순기능공 : 공장 노동자, 운송 노동자
- 단순노무자 : 건축, 상하차 노동자
- 파출부 : 가사 도우미

• 농업노동자 : 농사에 동원되는 노동자

부르디외는 왜 이렇게까지 계급에 집착한 것일까? 부르디외의 삶의 배경이 곧 그가 진행한 취향 조사의 바탕이 되었기 때문이다.

부르디외의 배경

그는 1930년 프랑스 남부의 한적한 시골인 당갱이라는 마을에서 태어났다. 아버지는 우체국 공무원이었고 그의 집안은 전형적인 서민의 가정집이었다. 부르디외는 어린 시절부터 학업성적이 뛰어났고 마을에서 소문난 수재였다. 그는 프랑스의 이름난 명문가의 수재들만 모인다는 파리고등사범학교에 진학한다. '그랑제콜'이라고 불리는 이곳은 프랑스의 소수정예 엘리트 양성기관이다. 그는 시골에서 파리로 넘어와 고등교육을 받지만, 명성이 자자한 상류층 자제들과 잘 어울리지 못했다. 또한 그랑제콜은 매우 권위적이고 귀족적인 곳으로 권위와 명성 그리고 자신들과 유사한 배경이 없는 출신의 사람에게는 배타적이었다.

부르디외는 이러한 어려움 속에서도 꾸준히 학문에 정진했고 결국 프랑스 최고의 국립 교육기관인 '콜레주 드 프랑스'의 교수가 된다. 우리나라로 치면 작은 농촌 마을에 사는 소년이 가족의 지원이

나 특별한 배경 없이 스스로 능력을 증명하며 서울대학교 교수 자리를 얻은 것이다. 그는 단순히 사회적 지위를 획득하는 데에 그치지 않고 다양한 저서를 집필했다. 사람들이 쉽게 사회학을 접할 수 있도록 읽기 쉬운 잡지를 출간하며 대중을 위한 출판에도 힘썼다. 무엇보다 행동하는 지식인으로서 교육을 개혁하는 운동에도 참여하였다. 이 운동으로 인해 파리에 있는 대학교의 서열을 타파했고 모두가 평등한 교육을 받을 수 있도록 재편되었다. 그래서 오늘날 파리의 대학들은 고유의 명칭이 아닌 파리 1대학, 파리 2대학 등으로 불린다.

그는 단순히 유명한 책 몇 권을 쓴 지식인이 아니라 본인의 취향에 대해 끊임없이 고민하고 탐구한 결과를 바탕으로 사회 구조와 투쟁하여 결국 최고의 자리를 쟁취한 실천적 인물이다. 농촌의 소시민으로 시작해 수많은 단계를 거쳐 엘리트 학자라는 상징을 얻고, 결국 부르주아라는 상류사회에 입성함으로 계급사회를 깨트리고 예외적인 사례를 만들었다. 이는 우리가 앞으로 이야기할 내용이 이미 취향으로 결정된 계급이 아니라 앞으로 쟁취할 우리의 미래에 대한 이야기라는 희망을 준다.

부르디외가 사람들의 기호를 계급 단위로 구분하는 조사를 한 이유는 단순히 취향의 높고 낮음을 재단하고자 함이 아니다. 오늘날 우리의 취향은 자신의 선택보다 사회에 의해 자연스럽게 선택된 경우가 많다. 그 취향이 결국 계급적 구별 짓기에 남용되는 것을 깨우치고자 함이다.

지금까지 부르디외의 주요 저서인 『구별짓기』와 그의 연구에 대해 알아봤다. 이제 현대에서 취향은 어떻게 계급이 되는가? 나의 취향은 어떻게 형성되는가? 이 질문에 대한 답을 위해 부르디외의 주요 이론을 함께 살펴보려고 한다. 부르디외가 만든 취향의 계급화를 이해하려면 그가 정립한 주요 개념인 아비투스와 세 개의 자본에 대한 이해가 필요하다.

2

◆

나에게 남겨진 삶의 지문
'아비투스'

아비투스Habitus : 취향, 습관, 삶의 양식

부르디외는 계층화된 취향을 설명하며 '아비투스'라는 개념을 사용
한다. 아비투스는 라틴어로 '소유하다'라는 뜻을 가진 동사habere에
서 유래했으며 습관을 뜻하는 'Habit'과 같은 어원을 가지고 있다.
아비투스는 '한 사람이 사회에서 경험하고 학습한 것이 몸과 정신에
스며들어 개인의 고유한 성향으로 발현되는 일'을 뜻한다.

한 아이가 태어난 순간부터 그 아이의 많은 요소가 자신의 의지
와 상관없이 결정된다. 유시민 작가는 "우리가 어느 나라에서 태어
나느냐에 따라 이미 행복의 절반은 결정된 것이다."라고 말했다. 김

현철 홍콩 과학기술대학교 교수 또한 "개인의 소득은 부모와 국가가 제공하는 환경에 따라 대부분 결정되며 특히 0세부터 5세 이전에 이미 많은 것들이 결정된다."라는 의견을 남겼다.♦

어떤 국가, 어떤 지역, 어떤 가정에서 태어나는가에 따라 누릴 수 있는 안전한 환경과 성장의 기회는 천차만별이다. 우리의 취향과 계급은 끊임없이 우리의 시작점으로부터 영향을 받을 수밖에 없다.

취향의 형성은 크게 두 가지 단계로 구분할 수 있다. 바로 확정 취향과 독립 취향이다. 확정 취향은 내가 태어나고 자라온 가정환경에서 주입되는 취향이다. 독립 취향은 확정 취향을 기반으로 스스로 형성해 나가는 개인의 취향이다. 이중 아비투스는 확정 취향을 설명하는 좋은 개념이다. 기본적으로 우리는 가족으로부터 문화적 소양과 가족 구성원의 취미를 이어받는다. 또한 주 양육자인 부모의 소득과 경제 자본에 따라 가족의 구성원에게 제공할 수 있는 기회는 천차만별이다. 한 사람의 삶 속에 녹아들어 있는 문화 양식은 대체로 그 가정에서 비롯된다.

아비투스는 일종의 버릇이다. 버릇은 실천을 낳는다. 그런데 그 버릇은 사회적이다. 사회적이라는 것은 집단적이라는 것이며, 계급적이라는 것이다. 나는 이성적 주체가 아니며, 나의 행위 역시 합리적 선택이 아니

♦   KBS1 라디오, 최경영의 이슈 오도독 182회 방송, 2023

다. 나라는 존재와 나의 행위는 오랜 역사 속에서 형성된 버릇에서 비롯되었다. 이 사회적 버릇은 개인으로서 나와 계급을, 행위와 구조를 매개한다.♦

확정 취향 : 취향의 계급화는 가정과 사회환경에 의해 결정된다

모두의 기억 속에 '가족 라면'이 존재할 것이다. 나는 인생의 절반을 안성탕면만 먹어왔다. 아플 땐 밥을 넣어 끓였고 해장이 필요하면 콩나물을 넣고 끓였지만 언제나 기본 라면은 안성탕면이었다. 종종 다른 라면 맛이 궁금해 신제품을 사 왔지만 아버지는 안성탕면이 더 맛있다며 나의 반란을 잠재웠다. 대학교 기숙사에 들어가기 위해 집에서 독립하고 나서야 다른 라면을 즐길 수 있었다. 그렇지만 나는 여전히 안성탕면을 즐긴다. 이 안성탕면에 대한 애호는 우리 가족에게만 적용되는 것일까? 그렇지 않다. 내가 태어난 시기에 안성탕면은 국내 라면 시장 점유율 1위였고, 내가 살았던 천안은 특히 안성탕면이 더 인기가 많은 지역이었다.

어렸을 때부터 나는 책을 좋아했다. 물론 태어났을 때부터 미친 듯이 책을 읽는 신동은 아니었다. 내가 초등학교에 다닐 때 어머니

♦　　피에르 부르디외, 김동일 저, 커뮤니케이션북스, 2016

가 일하는 직장 근처에 시립 도서관이 있었다. 방학이면 어머니의 일이 끝날 때까지 어린 동생을 돌봐야 했다. 그때 나는 매일 어머니 직장 근처에 있는 도서관 어린이실에서 책을 보며 동생을 돌봤다. 방학 내내 도서관으로 출근하다 보니 어린이실에 있는 명작동화, 어린이 세계문학 같은 책들을 모두 읽을 수 있었다. 중학생이 된 후에는 라디오 '별이 빛나는 밤에'를 들으며 누나가 독립할 때 남기고 간 소설들을 읽었다. 고등학생 때는 도서관에서 아르바이트를 했고, 대학에서는 영어영문과를 전공했다. 그리고 대학교에서 시작한 독서 토론 동아리를 8년 동안 운영해 왔다. 성인이 된 지금은 책과 관련된 회사에서 일하고 있다. 어린 시절 도서관에 가게 된 이유는 동생을 안전하게 돌보기 위한 환경적 요인 때문이었다. 하지만 이 환경을 만들어 준 것은 나의 가정이다. 책을 좋아하는 누이가 남기고 간 책을 통해 소설을 읽는 취미가 생긴 것 또한 가정이 내게 물려준 취미다. 이후 스스로 도서관 아르바이트를 하고 문학 전공을 하며 책을 좋아하는 독립된 취향으로 발전했다. 아주 사소한 환경적인 요인이 오랜 시간을 거쳐 나의 직업과 취미에 영향을 끼쳐왔다.

타고나는 신분에서 얻게 되는 최초의 자본은 식사 예절, 대화술, 음악 소양, 예의범절의 습득, 테니스 치는 법, 또는 억양 교정 등 문화적 기술을 배우는 과정에서 정통적인 문화를 조기에 습득함으로써 얻게 되는

이득을 통해 한층 더 쉽게 배가 된다.♦

가족은 나에게 자신들의 문화유산을 물려줬다. 나는 독서나 안성탕면을 이어받았지만 테니스나 수영 같은 활동은 전수 받지 못했다. 밥 먹을 때 소리를 내지 않는 것과 나에게 놓인 음식을 깨끗이 비우는 예의범절은 배웠지만 양식집에서 코스요리가 나올 때 몇 번째 포크를 어떻게 써야 하는지는 배우지 못했다. 나는 전형적인 노동자 계층 가족의 일원이었다.

개인의 취향은 있지만 선택은 자유롭지 못한 이유

다니는 회사, 참여하는 동아리 등 다양한 사회에서 '나'라는 존재는 꾸준히 영향을 받는다. 진정한 의미의 독립 선택은 사실상 불가능하다. 우리에게는 사회가 요구하는 아비투스가 이미 내포되어 있기 때문이다.

예컨대 오페라를 너무나 좋아하는 청년이 있다고 떠올려 보자. 그는 제대로 학교 교육을 받지 못했고 가족을 위해 어린 나이에 공사장 일용직 노동자 생활을 했다. 어느 날 우연히 본 영화 〈파리넬

♦   피에르 부르디외, 김동일 저, 커뮤니케이션북스, 2016

리〉의 '울게 하소서'를 듣고 그는 진심으로 감동했다. 이후로 어렵게 번 돈으로 음반을 사고 또 오페라 솔로를 연습하며 오페라 가수로서 꿈을 키운다. 그는 재능이 있어 곧잘 노래를 불렀고 주변 사람들도 모두 그를 인정했다. 그가 여기서 더 큰 오페라의 세계로 나가는 방법은 두 가지밖에 없다. 첫 번째는 돈을 모아 명망 높은 예술고등학교에 입학하고 해외 명문 예술 대학 코스를 밟는 것이다. 엘리트 교육을 통한 상징의 재생산 없이는 누구도 그를 오페라 가수로 여기지 않기 때문이다. 두 번째는 유튜브를 통해 자신의 노래를 꾸준히 알리고 텔레비전에서 기획한 오페라 전문 오디션 프로그램을 기다리는 것이다. 전자의 경우 적절한 문화 자본의 배경 없이 재능만으로는 꿈을 실현하기 어려움을 보여준다. 후자는 기회나 행운에 기대는 것이기 때문에 사실상 좋은 방법이라고 볼 수 없다.

또 다른 예로는 선호하는 주거 취향이 아니면서 아파트에 살고 싶어 하는 욕망이다. 나와 내 지인들은 대부분 단독주택을 선호한다. 넓은 마당이 있고 다양한 형태의 삶을 가꿀 수 있는 오직 나만의 공간을 꾸밀 수 있기 때문이다. 하지만 이들은 대체로 아파트에 살고 있다. 아파트라는 대규모 공동 주택에 거주하면 우리는 빈번히 침범당해야 한다. 이웃의 담배 냄새와 음식 냄새 그리고 층간소음에 시달리는 것은 예삿일이다. 그럼에도 아파트를 선택해야 하는 이유는 무엇일까? 현대 사회에서 아파트는 스스로 가치를 증식하는 자본임과 동시에 중산층이라는 계층을 상징하는 자본이기 때문이다.

아비투스는 이처럼 개인의 의지와 상관없이 사회적인 요인에 따라 자신의 선호가 몸과 마음에 각인된다. 아비투스는 단순히 가정의 문화뿐만 아니라 사회문화 전반적인 인식을 기반으로 한다. 나의 개인적인 취향에 따라 삶에서 다양한 선택을 하고 있다고 생각하지만 실상은 우리가 선택할 수 있는 것 중에 가장 나은 선택이 취향이 되는 경우가 많다. 아비투스는 결국 내가 가진 자본에 의해 결정된다.

지금까지 살펴본 예와 같이 취향은 내가 원한다고 해서 불현듯 생겨나지 않는다. 부르디외의 취향론에서 아비투스 다음으로 주요한 개념은 바로 취향의 자본화다. 어떤 계층으로 구별 지어지는가는 우리가 어떤 취향 자본을 가졌는가로 판가름 나기 때문이다. 취향이 어떤 계급에 도달하려면 필요한 재료가 있다. 바로 상징과 자본이다. 이제부터 취향을 이루는 주요 자본을 알아보자.

3

◆

취향을 이루는
세 가지 자본 (돈, 학벌, 인맥)

자본이란 경제적 가치를 생산하는 과정에 투입되는 모든 노동과 재화를 뜻한다. 신발을 만드는 공장을 떠올려 보자. 신발을 만들려면 신발 공장이 운영되는 토지, 신발을 만드는 데 필요한 가죽, 가죽을 자르고 밑창을 붙이는 기계, 그리고 기계를 조작해 완성품을 만들어 내는 노동자가 필요하다. 이 과정에 참여하는 모든 재화와 노동이 자본이다.

"자본이란 사회적 관계다."

카를 마르크스는 자본의 의미를 확장한다. 단순히 토지나 기계 그 자체는 자본이 될 수 없다. 빈 토지에 신발 공장이 들어서고 그 공장에 신발을 만드는 노동자가 상품을 만들어야 비로소 자본으로서 가치가 생긴다. 자본은 각 자본이 서로 약속된 가치를 만들어 내는 관계가 성립되어야 한다. 고용주와 노동자의 임금 계약이 대표적인 자본의 상징이다.

판교에서 개발자로 일하고 있는 35살 청년이 있다. 그는 젊은 나이지만 100명 규모의 유망 IT 스타트업의 CTO(최고기술책임자)를 맡고 있다. 평소 흰 티셔츠와 청바지만 즐겨 입어 소탈해 보이지만, 그가 입는 옷은 모두 100만 원이 넘는 고가의 브랜드다. 그는 매일 새벽 배송되는 신선한 샐러드를 먹고 저녁마다 트레이너의 지도를 받으며 운동을 한다. 그리고 주말이면 판교 현대백화점에서 커피를 마시고 새로 나온 드론이나 한정판 와인을 쇼핑한다. 매주 일요일 저녁 본인의 집에서 와인을 곁들인 파인다이닝을 즐기며 휴일을 마무리한다. 또한 부모님에게 물려받은 30평 규모의 아파트에 살고 있고 250억 상당의 회사 주식을 가지고 있다. 그가 판교의 상위 1%가 되기 위해 필요한 건 무엇일까?

위 인물은 다음의 몇 가지 정보를 바탕으로 한 가상의 인물이다. 국내 주요 스타트업 대표의 학벌을 조사한 기사가 있다. 125명 중

89명, 즉 창업자 10명 중 7명은 국내 상위권 대학 출신이었다. 나는 2013년에 소규모 스타트업에 입사해 다양한 업무를 해왔는데 그중에 인상 깊었던 업무는 투자유치(IR) 업무였다. 스타트업 투자 행사도 많이 다니고 개별 벤처 캐피털(VC)과도 미팅했다. IR 정보에는 주요 구성원의 학력과 커리어가 포함된다. 학벌이 투자의 필수 요소는 아니지만 그 기업의 성공 가능성을 높여주는 후광효과를 가지고 있다. 단순히 성실히 공부한 것을 높이 사는 게 아니다. 학벌이라는 자본이 가져오는 파급효과까지 계산하여 가치 평가를 하는 것이다.

부르디외는 눈에 보이지 않는 무형의 자본이 한 사람의 취향을 형성한다고 한다. 한정판 와인을 부담 없이 마시고 특별한 디자인은 없지만 고가의 옷을 추구하는 젊은 CTO의 취향은 그 사람이 단순히 매우 운이 좋고 열심히 밤샘 코딩을 하며 쌓은 노력으로만 이룰 수 있는 자본이 아니다. 그가 어린 시절부터 좋은 교육을 받고 과학기술을 대표하는 학교를 나와 얻은 명문대 학벌은 **문화 자본**이다. 이 학벌을 통해 동문의 벤처투자자와 연결되는 인맥이 **사회 자본**이 된다. 그리고 부모에게 물려받은 판교의 아파트는 **경제 자본**이 되어 그를 이루는 취향이 되는 것이다.

부르디외는 자신의 취향 조사에서 위와 같은 예를 정량적으로 파악하여 자본을 크게 세 가지로 분류한다. 바로 **경제 자본, 사회 자본, 문화 자본**이다. 경제 자본은 부동산, 예금, 주식 등 경제적 가치를 만들어 내는 수단이다. 문화 자본은 유형의 재산이 아닌 무형의 상징이 자본이 되는 것을 말한다. 사회 자본은 한사람이 사회적 지위를 유지하거나 향상하는 데 도움이 되는 인맥을 뜻한다.

문화 자본은 한 사람이 가지고 있는 문화적 양식, 매너, 예술적 감각 등을 포함한다. 문화 자본은 사람이 삶을 살아가며 오랜 기간 축적한 문화 양식이 기반이 되기 때문에 돈으로 바로 획득할 수 있는 자본이 아니다. 또한 문화 자본이 제도화된 학력 자본 즉 학벌의 획득은 경제 자본이 도움이 될 수 있지만, 이런 학벌은 즉각적인 획득이 불가능하다. 우리가 앞서 얘기한 아비투스, 즉 취향의 근간은 주로 문화 자본에서 나온다. 문화 자본이 경제 자본과 사회 자본에 끼치는 영향력이 가장 크다고 볼 수 있다. 경제 자본은 후세의 학력 자본에 영향을 미칠 수 있어도 본인의 학력 자본을 바꾸는 건 어렵다. 그러므로 경제 자본을 이길 수 있는 유일한 길은 학력 자본뿐이다. 그래서 우리 사회의 모든 계층에서 교육을 통한 학벌의 획득을 목표로 삼는 것은 어쩌면 가장 단순하고 효율적인 투자라고 볼 수 있다.

경제 자본의 총량은 개인이 보유하고 있는 자본으로 만들어 낼 수 있는 잉여가치의 합이라고 볼 수 있다. 공장을 소유한 사람, 부동산을 소유한 사람과 임금노동자가 생산할 수 있는 잉여가치는 매우 다르다. 경제 자본의 장점은 다른 자본을 상품화할 수 있다는 것이다. 필요하다면 사회 자본에 해당하는 인맥은 구매할 수 있다. 문화 자본에 해당하는 학력 자본도 값비싼 사교육과 입시담당자의 서비스를 구매할 수 있다.

사회 자본은 나와 연결된 사람들과의 관계에서 오는 가치다. 사회 자본은 쉬운 말로 표현하자면 '인맥'이다. 사회적으로 인정받은 집단에 속하면 우리는 가지고 있는 자본의 총량보다 더 많은 자본을 활용할 수 있게 된다. 언어학자를 꿈꾸는 어떤 아이가 있다고 가정하자. 아이의 부모는 유명 대학의 교수다. 그들은 아이의 꿈을 돕기 위해 주변에 있는 유명 언어학자들과 꾸준히 교류하여 아이를 학습시킨다. 아이가 대학에 들어갈 시기에는 저명한 학자의 추천서를 받아 제출한다. 만약 동일한 꿈을 가졌지만 관계 자본이 없는 사람은 어떻게 될까? 그는 매번 지도 교수의 연구를 대신한다. 그리고 지도 교수가 이사하거나 집안의 행사가 있을 때 무보수로 나가 일을 도와야 한다. 그렇게 비위를 맞춰 겨우겨우 박사학위에 필요한 논문을 통과시킨다는 결과와 결국 생활고를 이기지 못하고 박사를 포기한다는 결과 중 하나를 선택해야 한다. 영화 〈범죄와의 전쟁〉에서 사회 자본을 가장 잘 설명한 장면이 있다. 극 중 최익현(최민식 분)이 가장 위험을 느낀 순간에 경찰서장하고 밥을 먹는 사이라고 들먹인 이유는, 자신이 경찰서장과 같은 계급에 속하는 사람이며 때문에 자신을 함부로 대한다면 너희가 무사하지 못할 거라는 메시지를 은연중에 전달하기 위함이다. 이처럼 내가 동원할 수 있는 관계의 총량은 나의 사회 자본이 되어 나의 출세를 돕거나 나의 경제 자본을 늘릴 기회를 준다.

경제 자본과 문화 자본 그리고 사회 자본이 자본으로 분류될 수 있는 이유는 앞서 설명한 것과 같이 이들은 경제적인 가치를 창출하기 때문이다. 하나의 자본은 서로 다른 자본을 끌어들인다. 이 세 개의 자본은 유기적으로 우리의 취향을 이루며 '나'라는 아비투스를 만들어 낸다. 문화 자본과 사회 자본은 주로 경제 자본을 창출하는 자본으로 사용된다. 경제 자본은 나머지 두 자본을 획득하는 데 사용될 수 있지만 쇼핑하듯이 쉽게 얻을 수는 없다. 세 자본의 다양한 사례를 보며 이것들이 어떻게 우리 삶의 취향이 되는지 알아보자.

4

18세기 그랜드 투어와
유럽 배낭 여행의 상징

왜냐하면 취향이야말로 인간이 가진 모든 것, 즉 인간과 사물 그리고 인간이 다른 사람들에게 의미할 수 있는 모든 것의 원리이기 때문이다. 이를 통해 사람들은 스스로를 구분하며, 다른 사람들에 의해 구분된다.♦

'새로운 경험을 위해 휴학을 하는 것은 멋진 일'이라는 지도 교수님의 말에 홀려 대학교 2학년을 마치고 바로 휴학을 했다. 휴학하자마자 평소에 하고 싶었던 커피 공부를 하며 바리스타 자격증을 취득

♦　구별짓기(구분 감각으로서의 미적 감각), 피에르 부르디외 저, 최종철 역, 새물결, 2005

하고 여러 카페를 전전하며 커피에 대한 경험을 쌓았다. 그리고 준비한 것이 하나 더 있는데, 바로 유럽 배낭여행이다. 당시 제주도조차 가본 적이 없는 내가 첫 해외여행으로 유럽 배낭여행을 가겠다고 마음먹은 이유는 귀중한 1년의 휴학을 마치고 학교로 복학하기 전에 인생에서 가장 의미 있는 이벤트를 남기고 싶었기 때문이다. 나는 반년 동안 카페에서 아르바이트하며 모은 500만 원으로 한 달 정도의 유럽 배낭여행을 다녀왔다.

내가 다녀온 곳은 영국을 시작으로 프랑스, 스위스, 오스트리아, 체코, 이탈리아다. 영국에서는 셰익스피어와 해리 포터를, 프랑스에서는 라뒤레 마카롱과 에펠탑을, 스위스에서는 믿기지 않는 자연경관과 치즈 퐁듀를, 오스트리아에서는 영화 〈비포 선셋〉과 동화 마을 할슈타트를, 체코에서는 아름다운 프라하의 다리와 흥겨운 재즈바를, 이탈리아에서는 성스러운 바티칸과 커피를 만났다. 15년이 지난 지금도 당시 다녀온 유럽 배낭여행만큼 황홀한 여행을 경험해 본 적이 없다.

유럽 배낭여행에서 내가 가장 감동했던 것은 무엇보다도 역사적인 예술 작품과의 만남이었다. 반 고흐의 '해바라기', 레오나르도 다 빈치의 '모나리자', 외젠 들라크루아의 '자유의 여신', 미켈란젤로의 '천지창조'는 예술에 대한 교양이 부족한 나조차 경외감이 들게 만들었다. 특히 오스트리아에서 만난 클림트의 '키스'를 마주했을 때는 등골에서 전율마저 느낄 정도였다.

배낭여행을 마치고 학교에 다시 복학한 나는 유럽의 예술에 흥미를 느껴 '서양 미술의 이해'라는 교양과목을 들었는데 그 수업에서 큰 부끄러움과 안타까움을 동시에 느꼈다. 유럽의 6개국 7개 미술관과 박물관에서 만난 예술품을 고작 10초 정도 잠시 응시하고 지나치기 일쑤였기 때문이다. 온전히 그림을 감상하기에는 촉박한 일정이기도 했지만 누구의 그림인지 어떤 의미가 담겨있는지 파악할 수 있는 교양이 내게는 전혀 없었기 때문에 미술관 방문은 지루한 일정에 지나지 않았다. 하지만 나는 그 교양 수업을 통해 내가 지나친 수많은 예술품이 역사적으로 매우 중요한 대가들의 작품이었고, 그걸 실물로 보는 일은 정말 귀한 경험이었다는 것을 깨달았다.

우리는 단순히 '보는 것'으로는 아무런 교양도 얻을 수 없다. 인지하지 못하는 사람에게 반 고흐의 '해바라기'는 그저 예쁜 노란색 꽃 그림이고, 미켈란젤로의 '천지창조'는 스필버그의 영화 〈E.T〉에서 외계인과 소년의 손가락 맞춤을 따라 한 그림에 지나지 않을 것이다. 문화 자본은 학습과 경험으로 취득할 수 있는데 자신이 경험하고 습득한 지식의 범위가 곧 그 사람이 참여할 수 있는 계층의 범주를 뜻한다.

이를 일찍부터 깨달은 18세기 영국의 상류 계층은 자신의 자녀들이 빠르게 고급문화를 배울 수 있도록 그랜드 투어를 보내기 시작했다. 그랜드 투어는 바다 건너 프랑스에서 시작해 이탈리아와 주요 서유럽 국가를 방문하는 코스로 구성되어 있다. 그랜드 투어는 단순히 2~3주 다녀오는 여행이 아니라 2~3년을 계획하고 떠나는 큰 규모의 장기 여행이었다. 재력이 있는 가문은 여러 명의 하인을 대동했고 수십 가지가 넘는 여행용품을 마차에 싣고 다녔다. 또한 여행 내내 학습과 안전을 책임질 학식과 교양이 풍부한 교사가 함께했다.

그렇다면 상류 계층은 왜 비싼 값을 치르며 타국에서 고생하는 그랜드 투어를 보낸 걸까? 그 이유는 당시 그랜드 투어를 다녀오는 것이 문화적 자본을 인정받는 가장 세련된 방편이었기 때문이다. 마치 대학의 학위증이 어떤 분야의 전문성을 인정하는 것처럼 그랜드 투어를 다녀온 경험은 예술품을 구별하는 심미안, 소수만 구사하는 귀족의 언어인 프랑스어, 최신 유행하는 매너, 유럽 국가의 주요 인사와의 인맥 등 다양한 교양을 쌓은 사람으로 인정받는 수단이 되었다.

전쟁이나 기근이 지나가고 국가적 긴장감이 완화되는 시기에 상업과 무역이 발달하며 자본이 축적되자 상위계층에 속한 사람들은 자신들의 문화를 쫓는 중산층과 구별되기 위해 자신들만의 문화를 만들어 내었고 그 양식은 상류층 사이에서 빠르게 유행되었다. 지배 계층에 속하기 위해서는 단순히 타고난 신분과 재력뿐만 아니라 그에 걸맞은 생활양식을 갖기 위한 노력도 필요해진 것이다.

이처럼 18세기에 유행한 그랜드 투어는 특정한 계층에서만 소비되는 문화적 양식이었고 부르디외가 말하는 문화 자본을 이해하기에 알맞은 현상이다. 부르디외는 각 계층이 평소 미술관을 몇 번을 방문하는지 방문한다면 보통 몇 시간을 머무는지에 따라 사회적 계층이 나뉘는 것을 확인했다. 이는 문화 양식을 취득하는 일에 거리낌 없이 시간과 자본을 사용할 수 있는 사람만이 상류층에 속할 수 있음을 보여준다.

그랜드 투어에 대한 지식을 설혜심 교수의 『그랜드 투어』라는 책을 통해 자세히 엿볼 수 있었는데, 이 책은 그랜드 투어에 대한 역사적 발현부터 그랜드 투어 참여자들의 개인적인 소회까지 꼼꼼히 담아낸 책이다. 책 속에는 꽤 흥미로운 편지가 실려 있는데 영국의 정치가이자 저술가로 유명한 체스터필드 경이 그랜드 투어를 하는 자신의 아들에게 당부하는 내용의 편지다. 편지에는 아버지들의 흔한 잔소리가 담겨 있고 그는 줄곧 하나의 메시지를 강조한다. 예술을 알아보는 안목과 그 안목을 가지기 위해 필요한 예술에 대한 지식을 겸비하는 교양을 익히는 일에 소홀히 하지 말라는 충고다. 그의 표현을 빌리자면 그것이 '진짜 상류층'을 만들기 때문이다.

이 편지를 보면 당시 영국의 상류층이 본인과 본인의 식솔들에게 매너와 예술적 교양에 대해 얼마나 신경을 쏟았는지 알 수 있다. 결국 그랜드 투어의 가장 큰 의미는 바로 고급 취향을 획득하여 상류사회로 진입하는 것이다. 임마누엘 칸트는 『판단력 비판』에서 인간의 타고난 본성에는 미를 판단하는 능력이 있다고 말했다. 예술의 탁월함을 볼 수 있는 심미안을 가진 사람과 가지지 못한 사람이 있다는 것인데 예술을 단순히 눈에 보이는 그대로 보지 않고 예술이

순수하게 함유한 의미 그 자체를 바라볼 줄 아는 능력을 말하는 것이다. 흔히 누군가의 취향을 떠올릴 때 우리는 그것을 그 사람의 고유한 성향이라고 생각한다. 이는 취향이 마치 타고난 것이라는 착각을 불러일으킨다. 아주 멋진 외모의 연예인은 태어났을 때부터 고귀한 삶을 살았을 거라 단정 짓는 것과 같다. 실제로는 그 사람이 속한 문화를 통해 형성한 이미지임에도 불구하고 우리는 쉽게 환상에 넘어간다.

하지만 부르디외는 이런 칸트의 비판이 상류 계층에나 적용될 수 있는 논리라고 비판했다. 예술에 대해 충분히 교육받지 않은 서민이 예술품을 차분히 응시하면서 새로운 가치를 찾아낸다는 것은 불가능에 가깝다. 이처럼 타고난 미적 감각을 가진 사람과 아닌 사람으로 나뉘는 것이 아니라 부르디외는 각 계층이 내포하고 있는 사회 구조 속에서 자신이 속한 아비투스에 따라 미적인 감각이 길러지고 있다는 것이다.

이처럼 예술품은 계층을 나누는 것에 가장 효율적인 역할을 한다. 예술품은 오랜 세월 동안 쌓인 명성으로 인해 신뢰할 만한 계급을 스스로 가지게 되었다. 사회 구조 속에서 예술 또한 구조화되었다고 보는 것이다. 상급의 예술품을 관람하고 소유하는 것이 상위계층으로서 마땅히 해야 할 일이 되었고 그들은 소유한 예술품의 위대함을 칭송하며 자신의 권위를 지켜나간다.

15년 전에 다녀온 유럽 배낭여행은 미술에 대한 이해가 부족한 나조차 예술의 숭고함을 느낄 수 있게 만드는 특별한 경험을 선사했다. 하지만 내가 '서양 미술의 이해'라는 교양과목을 듣고 배낭여행을 갔다면 더욱 멋지고 예술적 문화 자본이 충만한 여행이 되었을 것이다. 교양이 길러진 상태에서 예술품 관람은 상류층의 특권이고 유럽 배낭여행은 아주 가성비가 좋아진 그랜드 투어에 가깝기 때문이다. 그런 의미에서 내가 대학에 다니며 좋아했던 교양과목은 말 그대로 나의 교양을 키워주는 현대판 그랜드 투어의 과외 선생님이었다. 대학에서 배운 교양으로는 서양 미술뿐 아니라 영화, 연극, 종교, 동아시아 문화, 영화 비평, 생활 법률 등 전공 외에도 교양인으로서 배우면 좋을 다양한 문화를 체험할 수 있었다. 과제가 너무 많다고 투덜거렸지만 교양과목을 통해 쌓은 문화 자본은 나의 성장에 톡톡한 밑거름이 되어주었다.

5

관계는 우리를
구원할 수 있을까?

8년 전 모니터를 앞에 두고 페이스북 메시지 보내기 버튼을 누를지 말지 오랫동안 고민한 적이 있다. 메시지의 내용은 날 만나 달라는 부탁이었다. 만나 본 적이 없는 사람에게 이런 메시지를 보내는 게 참 부끄러웠다. 그는 날 잘 알지 못한다. 가끔 내가 올린 게시물에 '좋아요'를 눌러줬을 뿐이다. 메시지를 보낸다 해도 아무 일도 일어나지 않을 거라며 마음을 다독였다. 나는 끝내 전송하기 버튼을 누르고 노트북을 서둘러 닫았다.

내가 메시지를 보낸 상대는 평소에 꼭 이직하고 싶었던 회사의 대표였다. 며칠이 지나고 그로부터 긍정적인 답변이 왔다. 그리고 한 달 후 나는 그 회사로 이직했다. 나는 페이스북을 통해 관련 산업의 기사를 공유했고 종종 나의 의견을 포스팅하곤 했다. 페이스북의 알고리즘은 산업의 주요 인사들을 추천해 주었고 자연스럽게 친구 추천과 친구 요청이 반복되며 그 대표와 연결되었다. 나와 대표의 사이는 상호 간의 메시지 전송이 가능한 페이스북 친구였을 뿐이다. 그와 나는 같은 학교도, 같은 고향도 아니었다.

페이스북 메시지를 통해 진행된 이직은 단순한 직장의 이동이 아니었다. 절망의 초기 스타트업에서의 삶을 정리하고 유니콘 스타트업에서 희망이 가득한 두 번째 삶을 부여받은 절호의 기회였다. 소득, 안정감, 근무 시간 등 모든 것이 개선된 계층의 이동이었다. 부르디외는 관계를 통해 단순한 친분을 넘어 어떤 기회나 가치를 생산하는 역할을 하는 자본을 사회(관계) 자본이라고 정의했다.

나는 SNS 활동을 더 이상 좋아하지 않는다. 타인의 행복한 경험이 실시간으로 나의 삶과 마주하며 나를 비루하게 만들기 때문이다. 그렇지만 SNS가 종종 나를 전혀 새로운 세계로 연결해 주는 마법 상자 같은 역할을 한다는 걸 부인하지 않는다. 소셜미디어가 없었을 때의 관계 자본은 나와 가족의 지인 또는 그 지인이 소개하는 인맥이 전부였다. 엄마 친구의 주변인에게 소개팅을 받고 아버지 친구 회사에서 아르바이트하며 대학을 졸업할 때면 지도 교수님이 소개해 준 이상한 회사에 취업하는 일이 다반사였다. 기회는 나와 내 가족이 연결된 관계만큼만 부여되었다.

관계 자본을 가족에게만 의존할 수 없기에 사람들은 다양한 노력을 한다. 우선 명망이 높은 집단에 속하기 위해 노력한다. 집단은 개인보다 힘이 강하고 공적인 신뢰가 있다. 명문 대학을 졸업한 사람은 명문대라는 후광을 얻는 것과 동시에 같은 대학 출신인 동문과 연결된다. 이처럼 개인에게 유용한 가치를 주는 집단에 속하는 것은 단순히 개인 의지만으론 불가능하다. 소속 집단의 수준 높은 테스트를 통과해야 하고 값비싼 등록금을 내야 하는 경우가 많다.

다음으로 많이 하는 노력은 명성이 높은 개인과 친분을 맺는 것이다. 유명인과의 친분은 그가 가진 신뢰를 공유할 수 있게 만든다. 연예인 사인이 덕지덕지 붙어있는 맛집이나 고위 공직자가 주례를 서고 이름있는 가수가 축가를 부르는 결혼식도 모두 개인의 명성을 빌려 자신의 명성을 높이는 행위다.

마지막으로 취미 커뮤니티에 참여하는 것이다. 아무 연고가 없는 다양한 사람들이 독서 토론이나 테니스 같은 오직 취미와 기호를 목적으로 모여 새로운 가족을 형성하는 것이다. 최근 이런 모임을 지원하는 온라인 서비스가 잘 발달하여 의지만 있다면 손쉽게 모임에 가입할 수 있다. 가입 조건이 까다롭지 않고 사회적 지위를 가리지 않기 때문에 이 방법은 앞서 말한 두 가지 방법보다 관계 형성의 장벽이 낮고 편리하다.

관계 자본을 기반으로 흥행에 성공한 두 개의 서비스가 있다. 바로 유료 독서 커뮤니티 '트레바리'와 오디오 소셜 커뮤니티 '클럽하우스'다.

고급 관계 자본을 연결한 소셜 살롱 '트레바리'

트레바리는 독서 토론을 이끄는 리더를 유명인으로 섭외하여 큰 인기를 끌었다. 참가비만 내면 방송에 출연한 인플루언서나 베스트셀러를 낸 과학자가 이끄는 토론모임에 속할 수 있다. 트레바리의 인기는 단순히 유명인이 속한 모임을 만든 것에만 있지 않다. 이 모임에는 변호사, 회계사, 의사, 영화감독, 작곡가 등 평소에 만나기 어려운 다양한 전문 직종의 사람들이 참여한다. 부르디외의 분류에 따르면 상류 계급과 고소득 중간계급의 사람들이 모이는 것이다. 서로의 생각과 취향을 자유롭게 나눌 수 있는 건전한 모임인 데다가 신뢰도가 높은 직업을 가진 사람들이 참여하니 제2의 듀오로 불리며 젊은 직장인 남녀를 끌어들였다. 대기업 직원이나 전문직을 만나기 위해 결혼중개업체에 가지 않아도 자연스러운 만남이 가능한 방안이 생긴 것이다.

독서 관련 경험이라면 가리지 않고 참여했던 나도 트레바리 모임에 참석했었다. 당시 나는 3개의 독서 토론모임에 참여하고 있었고 트레바리가 그중 하나였다. 트레바리는 참가비가 약 20만 원이었고 내가 참여한 독서 모임 중 가장 가격이 비쌌다. 나머지 두 개는 참가비 1만 원 또는 음료를 주문하는 정도였다. 여기서 우리는 기회비용을 떠올린다. 1만 원이면 참여할 수 있는 독서 토론이 있음에도 불구하고 20만 원짜리 독서 모임에 참여하는 이유는 무엇일까? 바로 관계에 대한 기대감 때문이다. 다양한 분야의 대기업 직장인과 변호사, 의사 같은 전문직을 만날 수 있다는 기대감은 나를 새로운 기회로 데려다줄 신세계로 입장하는 느낌이었다. 토론 자체보다는 어떤 배경을 가진 사람들과 만날지에 대한 기대감이 더 컸다.

하지만 나는 이 모임을 지속하지 못했다. 높은 비용은 참석자의 마음을 결연하게 만든다. 트레바리는 비싼 돈을 내고 참여한 만큼 여기서 꼭 무언가를 얻어 가겠다고 마음먹은 사람들의 의지가 느껴지는 모임이었다. 그들이 원하는 것은 자신의 주장을 선보일 발언권일 수도 있고 내가 원하는 분야의 사람과의 친분일 수도 있으며 나의 반려자를 탐색하는 욕망이 포함될 수도 있다. 서로 취미를 묻고 생각을 나누는 일련의 활동은 마치 단체 미팅에서 내가 얼마나 매력적인 사람인지 뽐내는 것뿐 아니라 상대를 탐색하고 평가한다. 토론을 통한 정신의 고양이라는 목적과 개인의 욕망이 부딪치며 발생한 묘한 긴장감은 나를 피곤하게 만들었다. 물론 이는 극히 개인적인 경험이며 좋은 관계를 형성하며 오랫동안 모임이 지속되는 곳도 많이 있었다. 이러한 현상은 트레바리에만 국한되지 않으며 당시 고급화된 유료 독서 토론모임은 대체로 비슷한 현상을 겪고 있었다.

인플루언서를 만날 수 있는 입장 티켓을 발급한 '클럽하우스'

클럽하우스는 오디오를 기반으로 한 소셜미디어다. 스마트폰만 있으면 누구나 편리하게 방송을 오픈할 수 있었다. 이 서비스는 오픈 후 1년도 되지 않아 사용자 600만 명을 달성했다. 이 서비스를 이용하기 위해서는 두 가지 조건이 충족되어야 했다. 첫째, 아이폰 사용자만 이용할 수 있다. 둘째, 기존 사용자로부터 초대받은 사람만 가입할 수 있다. 가입 조건은 까다롭지만 적어도 아이폰이라는 브랜드를 공유하는 취향 집단, 가까운 지인들만 참여할 수 있는 아지트로 알려지며 클럽하우스 열풍이 불었다. 한때 이 서비스의 이용을 위해 아이폰 수요가 많아져 중고 아이폰의 가격이 오르는 현상도 있었다.

당시에 나도 아이폰을 쓰고 있었고 스타트업에 몸담은 사람으로서 클럽하우스에 비교적 빨리 입성할 수 있었다. 클럽하우스에 등록된 인플루언서를 보니 마치 인맥의 보물창고 같았다. 큰 투자를 받아 유명한 스타트업의 대표는 물론이고, 유명 유튜버, 아나운서, 소설가 등 다양한 인플루언서들이 참여하여 자신의 경험이나 생각을 나누는 오픈 마이크를 진행하고 있었다. 당시 토스나 배달의 민족 등 유명 스타트업들이 자신들이 일하는 문화를 소개하는 채널을 운용했기 때문에 스타트업을 다니는 청년층에게는 선풍적인 인기를 끌었다.

안타깝지만 이 서비스의 흥행은 1년 이상을 유지하지 못했고 클럽하우스의 인기는 순식간에 사그라들었다. 누구나 방송을 할 수 있는 민주적인 서비스지만 초대받지 않은 사람은 이용할 수 없다는 폐쇄성이 클럽하우스가 한순간 유행에서 지속적인 문화로 발전하지 못한 걸림돌이 되었다. 또한 지나친 인플루언서 중심의 운영도 문제가 되었다. 사람들은 단순히 인플루언서를 팔로우하기 위함이 아니라 실질적인 인맥을 만들기 위해 클럽하우스에 참여했다. 하지만 기대와는 반대로 인플루언서 채널들은 자신이 전하고 싶은 말만 전하고 청취자의 참여는 일어나지 않는 단방향 미디어가 되었고 사람들은 가차 없이 클럽하우스를 떠났다.

　지금까지 트레바리와 클럽하우스의 사례를 통해 관계 자본을 쌓기 위한 대중의 열망을 알아보았다. 두 서비스 모두 기존에는 없던 획기적인 관계 서비스로 이름을 널리 알렸다. 하지만 실제 가치를 창출하는 긴밀한 관계 자본을 만들어 주는 것은 숙제로 남았다. 이러한 서비스를 통해 아무 연고도 없는 사람과 관계를 형성하는 것은 어려운 일이다. 관계 자본은 오랜 시간 동안 지속적인 관계망을 통해 상호 간의 인식과 신뢰를 바탕으로 형성되기 때문이다.

　직장인 익명 커뮤니티 블라인드는 게시글을 올리거나 댓글을 남길 때 자신의 직장명이 공개되는 커뮤니티다. 그런데 최근 대기업이나 공공기관의 계정을 파는 사례가 생기고 있다. 신뢰도가 높은 직업이 표기된 계정을 사서 데이트할 사람을 찾는 것이다. 관계 자본의 형성은 시간이 매우 중요한데 타인을 사칭해 그 단계를 뛰어넘으려는 시도를 종종 목격할 수 있다. 다른 어떤 자본보다 관계 자본은 거짓으로 위장하기 쉽다.

사회적 관계 자본은 상호 간의 관계가 자본으로 이득을 가져다주는 것을 말한다. 서로 호혜를 줄 관계라는 것에 신뢰를 가져야 한다. 하지만 신뢰는 단시간에 쌓을 수 없다. 그 시간을 좁히기 위해서는 문화 자본, 그리고 사회적으로 저명한 사람이라는 상징 자본을 가지고 있어야 하는데 그런 사람은 매우 소수다.

사회 자본은 문화 자본과 마찬가지로 물려받을 수 있다. 부모가 조성해 주는 사회가 곧 그 아이의 기회가 된다. 노래를 잘하는 외판원이 세계적인 테너가 된 사례가 있다. 영국의 유명 성악가 폴 포츠의 이야기다. 그에게는 성악가라는 기회를 제공할 사회 자본이 없었다. 그가 외판원보다 더 가치 있는 재능이 있다는 걸 방송 출연 전까지는 아무도 알 수 없었다. 하지만 영국의 오디션 프로그램은 그를 훌륭한 성악가로 만들어 주었다. 오디션 프로그램의 저명한 인사들이 그를 인정했고 방송을 보는 시청자들이 그를 인정했기 때문이다. 이처럼 관계 자본은 누군가를 인정하고 누군가에게 인정받는 과정이 끊임없이 반복되어야 형성된다.

6

◆

돈으로
취향을 산다는 것

일회성 소비는 취향이 될 수 없다

2년 전 라이프 스타일 브랜드에 대한 경험을 에세이로 써달라는 의뢰를 받았다. 나는 이때다 싶어 원고료를 몽땅 털어 파타고니아, 무인양품, 발뮤다, 룰루레몬 등 다양한 브랜드의 제품을 구매했다. 덕분에 좋은 품질의 브랜드 상품들을 경험해 볼 수 있었고 어떤 브랜드가 나와 맞는지 고민해 볼 수 있었다. 그러나 그때 만족했던 브랜드를 지금도 계속 구매해서 사용하고 있지는 않다. 이들은 각 분야의 취향 집단을 만족시키는 상위 브랜드고 해외 상품이기 때문에 평균 가격이 높다. 때문에 평소에 나는 현재 소득 대비 더 합리적인 가격의 브랜드를 찾아 소비하고 있다. 내가 계속해서 소비하는 브랜드가 아니라면 그 브랜드는 나의 취향으로 녹아들 수 없다. 이처럼 취향은 소득과 긴밀하게 맞물려 있다. 취향은 꾸준한 경험을 통해 몸과 마음에 배어드는 것으로, 스쳐 지나가는 경험은 단지 경험일 뿐이다.

경제 자본은 삶의 품격을 보장하지 않는다

나는 대학생이 되면서 재정 독립을 위해 10개가 넘는 다양한 아르바이트를 했다. 곰곰이 지난 경험을 떠올려 보면 단순 서비스 업무일수록 상스러운 일을 당할 가능성이 컸다. 한때는 대형 마트에서 주차 안내 요원으로 일한 적이 있다. 주말이면 항상 주차장은 만원이었고 쇼핑을 마치고 떠나는 고객이 충분히 빠져나가야 주차를 기다리는 차를 유도해 줄 수 있었다. 그런데 2층은 꽉 찼으니 다음 층으로 가라는 신호에도 주차요원을 깔아뭉갤 듯 쳐들어오는 고급 차량이 있다. 주차요원이 몸으로 막으면 거리낌 없이 창문을 내리고 저속한 욕설과 고함을 쏟아냈다. 텔레비전에 나오는 고급 외제 차 광고를 보면 품격과 학식이 높아 보이는 사람이 여유로운 표정으로 운전하는 모습을 보여준다. 럭셔리의 상징에 불같이 화를 내고 상스러운 욕을 하는 이미지 따위는 없다. 하지만 실제 그런 고급 차 안에는 전혀 고급스럽지 않은 사람이 타고 있는 경우를 목격하는 것은 어렵지 않은 일이다. 우리는 경제 자본이나 학력 자본이 높은 사람에게 상류층으로서의 품격이나 여유로운 이미지를 기대하지만 경제 자본은 경제 자본일 뿐이다. 아비투스로 체화된 삶의 품격은 경제 자본만으로 만들어지지 않는다.

경제 자본은 상품화된 자본 '상징'을 구매할 수 있다

경제 자본은 스스로 증식하는 자본을 뜻한다. 금융 자본, 토지 자본뿐 아니라 노동자의 노동이 잉여가치를 만들어 내는 생산 자본은 경제 자본이면서 즉시 교환 가능한 화폐의 가치를 갖는다. 경제 자본은 어떤 자본보다 빠르게 증식하고 빠르게 교환할 수 있다. 경제 자본의 전환을 통해 문화 자본을 얻는 데 필요한 상징적인 물건을 구매할 수 있다. 또는 경제 자본을 기부나 후원 행사라는 문화를 활용하여 관계 자본을 얻을 수 있다. 전통적으로 살 수 없을 것으로 생각해 왔던 관계나 어떤 관념조차 구매가 가능해지면서 물질만능주의는 심화하고 있다.

취향은 문화 자본이며 곧 아비투스로 개인의 삶에 체화되는 자본이다. 취향은 주변 환경과 가정 양식 그리고 오랜 교육을 통해 길러지고 승계된다. 그런데 이런 문화 자본의 인증은 대체로 소유자의 단편적 이미지 즉 상징 자본으로 이루어진다. 대학의 졸업장, 고급 레스토랑의 테이블 매너, 유명한 작가의 그림 몇 장이면 고급 취향을 가진 상류층을 연기할 수 있는 충분한 조건이 마련된다. 이처럼 대중이 인정하는 상징을 보유하는 것은 오랜 시간이 걸리는 취향 자본을 내 것이라고 주장할 수 있는 티켓을 얻는 것과 같다.

자본의 전환을 잘 설명한 드라마가 있다. 바로 쿠팡플레이 오리지널 드라마 〈안나〉다. 능력 있고 똑똑하지만 가난한 소녀 유미(수지 분)는 고급 갤러리에서 일하며 상류층의 문화를 습득한다. 그녀는 갤러리에서 상류층 사람들이 어떻게 소비하고 어떤 대화하고 어떻게 과시하는지 배웠다. 희망이 없는 삶을 살아온 유미는 욕심이 났고 결국 고급 갤러리 대표 딸의 해외 명문 예술대학의 졸업장을 이용해 상류층 신분을 탈취한다. 유미는 안나라는 이름이 새겨진 대학 졸업장을 자본으로 삼아 부단한 노력 끝에 대학의 강사가 되었고 유복한 사업가와 결혼을 성사시키며 사회적 지위와 재산을 얻었다. 이 모든 과정은 위태로웠지만 한편으로는 물 흐르듯이 자연스러웠다. 이는 유미가 신분 탈취범인데도 불구하고 상류층으로 연결되는 적절한 상징을 단계적으로 성실히 쌓아왔기 때문이다. 하지만 안나를 성공으로 이끈 유일한 단서는 바로 명문 예술대학의 학위증이다. 즉 모두가 인정하는 제도화된 문화 자본 하나로 교수라는 직업부터 재력가 남편이라는 경제 자본까지 자연스럽게 끌어들인 것이다.

드라마를 보다 보면 이야기의 모든 순간순간이 언제 깨질지 모르는 살얼음 위를 걷는 느낌을 받는다. 안나의 삶이 위태롭기 때문이다. 거짓 자본을 통해 성공적인 삶을 쟁취한 안나의 노력을 보면 마땅히 보상해 줘도 되겠다는 생각이 들 정도로 처절하다. 하지만 그녀가 쌓은 자본은 결국 다른 사람의 자본을 기반으로 쌓은 것이기 때문에 노력 여하와 관계없이 안나의 삶은 항상 위태롭다. 안나의 이야기는 결국 상징 자본에 휘둘리는 현대 사회의 취약함을 여실히 보여주고 있다.

돈으로 취향을 살 수 있을까?

경제 자본과 문화 자본 그리고 사회 자본은 필요한 만큼 전환하며 서로의 자본을 키우는 자양분 역할을 한다. 하나의 자본이 어떤 상징에 도달한다면 다른 자본도 자연스럽게 끌려들어 온다. 특히 문화 자본과 사회 자본이 경제적 가치를 띠면서 경제 자본은 이들 자본을 끌어들이고 관리하는 핵심 자본이 된다.

그런 의미에서 '돈으로 취향을 살 수 있을까?'라는 질문은 중요하다. 결론부터 말하면 돈으로 취향을 살 수는 없다. 문화 자본은 개인의 아비투스로 억지로 꾸미지 않아도 은은하게 깃든 취향으로 내재화된다. 단순히 구매하고 소유하는 행위로는 취향을 내 것으로 온전히 소화할 수 없다. 부르디외의 취향 조사에 따르면 빈곤한 지식층이 어떤 계기로 부유해져 상류층과 동일한 경제 자본을 보유하더라도 그들의 식습관이나 정치 성향은 크게 바뀌지 않았다고 한다. 이미 자신을 형성해 온 아비투스가 뿌리 깊게 남아 있기 때문이다. 그러므로 경제 자본이 풍부해진 사람이 갑자기 명문대 학위를 딴다고 해서 상류층 사람들과 어울릴 수 있는 건 아니다. 쉬운 예를 들어 보자. 드라마나 영화에서 가난했던 주인공의 신분이 드러나며 갑자기 상류층의 자제가 되는 이야기가 많다. 하지만 가난했던 시기의 습관이 남아 다른 상류층 사람들과 어울리지 못하고 방황하며 시련을 겪는다. 이처럼 오랜 기간 형성되어 온 아비투스는 쉽게 변하지 않는다.

경제 자본은 취향을 살 수 없지만 취향을 상징하는 상품화된 문화 자본은 구매할 수 있다. 문화 자본에는 세 가지 분류가 있다. 첫째, 나의 몸과 정신에 체화된 문화적 코드다. 이는 나만의 관성 또는 습관으로 발현된다. 둘째, 문화적 가치가 있는 예술품 또는 어떤 물건이다. 셋째, 학교 졸업장이나 증명서 등으로 제도화된 학력 자본이다. 이 중에 예술품과 제도화된 학력은 경제 자본으로 구매할 수 있는 경로가 있다. 이는 문화 자본의 상징을 구매하여 자신의 필요에 따라 사용하는 상품으로의 가치를 부여한다.

그러므로 돈으로 취향은 살 수 없어도 계급은 살 수 있다. 자본주의 사회에서는 경제 자본은 곧 계급이다. 문화 자본에서 학력 자본은 사교육, 유학, 기부금 등 다양한 방향으로 상품이 개발되어 있다. 특히 학력 자본을 만들어 주는 상품은 그 대상이 어렸을 때부터 체계적으로 학력 자본의 상징을 이양받을 수 있도록 상품으로서 코스가 마련되어 있어 계급의 대물림이 가능하다.

경제 자본의 소유자들이 자녀들의 문화 자본 축적에 관심을 갖는 것도 문화 자본과 경제 자본 사이의 전환율을 높이기 위함이다. 부르주아는 그들의 자녀를 좋은 사립학교에 보내고, 음악을 가르치고, 상류층 사람들에게 허락된 고급 취향의 예술과 예절을 배우게 한다. 문화 자본을 축적한 부르주아의 자녀들은 부모가 소유한 경제 자본의 상속자로서, 혹은 높은 보수를 제공 받는 위치에 맞는 합법적 자격을 보유한 자로서 정당성을 갖는다. 자본의 축적은 더 이상 노동력의 착취라는 순진한 방법으로만 수행되지 않는다. 부르디외는 자본 축적의 좀 더 정교하고 은폐된 방식을 드러낸다.♦

부르디외는 이러한 과정을 취향의 계급화로 정리했다. 문화, 자격, 인정, 권위 등 무형의 자본이 가지고 있는 힘은 단순히 개개인의 능력이나 타고난 기질에서 유발하기보다는 이들 무형의 자본이 필요에 따라 경제 자본으로 전환되거나 교환되는 과정을 증명한 것에 의미가 있다. 경제 자본은 오랫동안 다양한 형태의 문화 자본으로 전

♦   피에르 부르디외, 김동일 저, 커뮤니케이션북스, 2016

환되어 승계되었고 굳어진 계층 사회를 만들었다. 이는 자유 의지만으로는 바꿀 수 있는 것이 거의 없는 사회가 도래했음을 내포한다.

마케팅 용어로 CLV라는 말이 있다. '고객 생애 가치'라는 뜻으로 기업이 자신의 상품을 이용하는 고객을 분석하여 나이나 성별에 따라 고객이 평생 발생시킬 수 있는 구매 횟수나 매출의 총량을 예측하여 더 많은 돈을 쓸 수 있는 고객군을 찾는 데 쓰인다.

이러한 계산을 우리 스스로 해볼 필요가 있다. 생애를 통틀어 획득할 수 있는 경제 자본을 계산해 보는 것이다. 물려받은 자본이 없다면 기존 자본은 0으로 하고 아주 단순하게 연령별 평균 연봉과 실수령액을 계산해 보자. 2023년 기준 30대 평균 연봉은 세후 기준 4,300만 원, 40대 평균 연봉 5,089만 원, 50대 평균 연봉 5,180만 원, 각 나이별 연봉 10년 치를 단순 합하면 총합은 16억 원이다. 여기서 기본 생활비 200만 원을 물가상승률 반영 없이 30년 동안 동일하게 사용한 것으로 단순 반영한다면 약 7억 2천만 원으로 10억 정도 남길 수 있다. 2023년 기준 서울 아파트 평균 가격은 12억 9,000만 원이라고 했을 때 서울에서 급여 소득으로는 아파트를 살 수 없다. 그렇다면 우리는 소득에 맞는 차선의 선택을 해야 한다. 예를 들어 직장과 1시간 반 이상 떨어진 절반 가격의 아파트를 선택하는 것이다. 하지만 이는 삶의 질 하락과 일반적인 자본을 보유한 청년 직장인이 결혼하지 않고 출산하지 못하는 것과도 연결된다. 결혼과 출산은 개인의 자유지만 결혼과 출산이라는 문화 자본을 얻기 위해서는 실제 무시무시한 경제 자본이 필요한 데 그중 하나가 가족과 함께 거주할 아파트다.

아파트에 살지 않으면 무시당하고 빌라에 살면 전세보증금 사기를 당해도 괜찮은 사회를 형성해 놓고, 결혼과 출산을 단순히 배부른 개인의 일탈로 치부했던 우리 사회는 결국 초저출산 국가라는 타이틀을 얻게 되었다. 누구나 누릴 수 있었던 가장 보편적 문화인 결혼과 출산이 이제 특정 조건을 갖춘 계층의 전유물이 되어가고 있다. 이처럼 계급마다 누릴 수 있는 문화 자본이 다른 사회를 우리는 계층 사회라고 부른다.

2장

취향 소비

1

소득은 소비를,
소비는 취향을 결정한다

류이치 사카모토의 'Merry Christmas Mr. Lawrence'

2012년 12월 9일 추운 겨울밤 피아노 연주곡 'Merry Christmas Mr. Lawrence'를 들으며 정처 없이 길을 걷고 있었다. 같은 시간에 이 곡을 만든 연주자의 내한 공연도 시작되었다. 나는 그의 연주를 들으며 현장에 가지 못해 아쉬운 마음을 달래고 있었다. 일본의 피아노 작곡가 류이치 사카모토가 만든 이 곡은 고등학생 시절부터 지금까지 꾸준히 나를 살펴준 곡이었다. 부모님과 다퉈 집을 나왔을 때, 여자친구와 헤어져 슬픔에 빠졌을 때, 대회에 나가 수상을 했을 때, 군대에서 전역하고 집으로 가는 길에 나는 항상 이 곡을 들으며 머리를 식혔다. 나의 기쁨과 슬픔을 함께한 이 곡을 만든 류이치 사카모토가 한국에서 공연한다는 소식을 들었을 때 그 공연에 꼭 가고 싶었지만, 당시 옥탑방에 살며 이제 막 스타트업에 취직한 나의 주머니 사정으로 10만 원 남짓하던 공연 티켓을 사기란 어려운 일이었다. 매달 영화관에서 영화를 보고 서점에서 책 한 권은 살 수 있었지만 라이브 공연처럼 10만 원이 넘는 문화생활은 꿈도 꿀 수 없는 일이었다. 이 소비가 나를 가난하게 만들 거라는 두려움 때문에 결국 그 공연을 포기했다. 그렇게 몇 년이 지났다. 드디어 공연 티켓을 살 수 있는 능력이 내게 생겼고 나는 그의 내한 공연 소식을 귀 기울였다. 하지만 이제 영영 류이치 사카모토의 공연에는 가지 못하게 되었다. 그는 몇 해 전부터 암에 걸려 투병 생활을 하고 있었고 결국 2023년 봄에 세상을 떠났다. 그의 타계와 함께 나의 취향 한 조각도 같이 사라지는 것 같았다.

우리가 넘어야 할 벽 '최소 삶 유지비용Minimum Cost of Life'

만약 2012년 겨울의 내가 류이치 사카모토의 공연에 갔다면 어땠을까? 공연이 진행되는 2시간 동안 매우 황홀하고 행복했을 것이다. 비극은 다음날부터 시작된다. 평소 출근할 때 버스를 타고 가는 5km 거리의 지하철역까지 걸어가야 한다. 평소 저녁에 즐겨 먹었던 돼지불고기백반 정식을 포기하고 편의점 김밥으로 저녁을 대신해야 한다. 그달에 보고 싶었던 영화와 책은 과감히 포기했을 것이다. 하나의 공연을 위해 고달픈 한 달을 보내야 한다. 우리의 월급과 욕망은 비례하지 않기 때문에 주로 소비를 포기하는 경험을 마주하곤 한다.

가진 자본이 오직 노동밖에 없어 지속적인 월급 계약이 필요한 사람을 우리는 노동자라고 부른다. 월급은 자본가가 노동자의 노동력을 구매하며 지급하는 것이다. 대한민국 임금노동자 수는 약 2,200만 명이다. 자영업자를 제외한 노동 가능 인구 3,100만 명을 기준으로 성인 10명 중 7명이 임금을 받는 노동자다. 여기서 전체 임금근로자의 중위소득은 250만 원이다. 특히 청년층의 경우 10명 중 6명의 첫 월급은 200만 원 미만이다. 급여가 충분하지 않아 삶이 삐걱거리는 일은 특별한 이야기가 아닌 대체로 모든 노동자가 겪는 일상다반사다.

대한민국 사회에서 가난이 머무는 곳에서 사치는 죄악이라는 인식이 널리 퍼져있다. 그래서 우리는 소비를 죄악시하고 소비할 때마다 죄책감을 느낀다. 나의 첫 월급은 200만 원 미만으로 위에서 말한 청년층 10명 중 6명에 속했다. 내가 임금노동자로서 소비를 가장 무서워하고 불편한 감정을 느꼈던 시기다. 그 이유는 당시 나의 소득이 한 달이라는 삶을 살아가는 데 필요한 최소한의 비용보다 적었기 때문이었다.

'최저생계비'라는 말이 있다. 정부가 소득이 충분하지 않은 국민을 지원하기 위해 만든 개념이다. 최저생계비란 '국민이 최적의 노동을 제공할 수 있도록 건강하고 문화적인 생활을 유지하는 데 필요한 최소한의 비용'을 말한다. 현재 기준 1인 가구 최저생계비는 약 124만 원이다. 정부의 지원을 받으려면 월 소득이 124만 원 이하여야 한다. 하루 8시간 기준 아르바이트 한 달 최저임금인 201만 원보다도 낮은 최저생계비는 보통의 청년 삶에는 와닿지 않는 행정 용어에 지나지 않는다.

우리에게는 최저생계비보다 더 중요한 개념이 있다. 각자의 삶에 맞는 '최소 삶 유지비용'이다. 전체인구 기준으로 표준화된 금액이 아니라 오직 나의 사정을 고려한 삶의 비용을 계산해야 한다. 내가 사는 지역의 월세, 주변 물가, 직장의 거리, 미래를 대비하는 최소한의 비용이 포함된 금액이 바로 나의 안전망이다. 2013년에 작성했던 나의 최소 삶 유지비 구성은 이렇다.

- 월세 50만 원 : 신대방역 6평 원룸(풀 옵션)
- 보증금 이자 20만 원 : 보증금 10,000,000원
- 학자금 대출 상환 30만 원 : 총 8학기 중 4학기 대출 약 12,000,000원
- 식비 50만 원 : 점심, 저녁, 지인과 외식(매일 두 끼 30일, 8,000원 기준)
- 통신 10만 원 : 24개월 기기 할부금 포함

- 차비 20만 원 : 버스, 지하철, 택시
- 실비보험 5만 원 : 10년 보험 기간 동안 세 번밖에 청구하지 못한 슬픈 보험
- 문화비 15만 원 : 책, 영화, 데이트 등
- 청약 2만 원 : 최저 납입액 기준
- 총 최소 삶 유지비용: 202만 원

위에 나열한 소비는 정기적인 소비다. 옷, 여행, 선물, 가족의 경조사 등 비정기적 문화비는 반영되지 않았다. 월 급여가 200만 원 미만일 때는 최소 삶 유지비용보다 적기 때문에 강제로 삶의 질을 떨어트려야 했다. 10만 원 이상 고가의 상품을 구매할 기회는 중소기업 소득면제를 통한 연말정산 환급액이 입금되었을 때뿐이다. 치과 치료라도 받는 날에는 조마조마해야 했다. 충치는 곧 인레이 치료를 의미한다. 조금 욕심을 내 흰색 도자기 색 인레이를 결정하면 30만 원이 결제되고 내 삶에 비상등이 켜진다. 당장 친구와의 만남을 줄이고 식비를 극단적으로 줄이며 문화생활은 당분간 하지 않는다. 이처럼 삶의 비상등이 켜진 상태에서 우리는 취향을 탐색하거나 취향을 즐기거나 취향을 흡수할 수 없게 된다. 취향보다 생존이 먼저이기 때문이다.

소비 없이는 취향도 없다

언젠가 헤어진 연인한테 나와의 데이트가 재미없다는 말을 들은 적이 있다. 여행도 가고 같은 운동도 즐기고 다양한 문화생활을 하려면 그 경험에는 일정한 비용이 필요하다. 재미와 경험은 곧 소비로 이어진다. 그렇지만 사회 초년생이었던 내가 누릴 수 있는 연인과의 문화 소비는 영화관과 도서관밖에 없었다. 경제 자본이 없는 청년에게 취향은 사치였다.

취향은 오랫동안 상류층의 전유물로 소비되는 개념이었다. 어떤 대상에 대해 깊이 있는 이해를 가진 사람이 스스로 좋고 나쁨을 구별하는 판단 능력이기 때문이다. 취향은 나만의 문화를 가지는 것으로 나를 위해 기꺼이 까다로워지는 행위인데 이런 문화를 갖는 것 자체가 충분한 자본이 있는 사람들만 가능하기 때문이다. 프랑스 귀족사회에서 쓰였던 '노블레스 오블리주'라는 개념은 귀족의 고결함에는 의무가 따른다는 말이다. 누구도 요청하지 않지만 스스로에게 엄격한 양식을 요구하는 것, 본인이 부끄럽지 않은 삶을 살기 위해 책임과 의무를 지켜나가는 것을 뜻한다. 그들의 의무에는 단순한 사회적 책임뿐 아니라 귀족으로서의 취향을 지키는 것이 포함한다.

부르디외는 이런 행위를 귀족들이 지키고자 하는 본질주의라고 했다. 예를 들면 커피를 마실 때 아라비카 원두인지 로부스타 원두인지 구별한다. 맥주를 마실 때 라거인지 페일 에일인지 구분한다.

이처럼 내가 선호하는 것이 무엇인지 결정할 수 있어야 하고 나의 선호에 대한 이유가 뚜렷해야 나의 취향으로 확립된다. 취향의 소비는 나의 사회적 지위를 유지하는 방편으로도 사용된다. 친구들과의 해외여행을 가거나 동료와 화장품 등을 공동 구매할 때 자신이 빠지면 그 취향 집단에서 소외될 수 있기 때문이다. 영국의 귀족들이 가산이 파탄이 나더라도 자식들을 물 건너 유럽으로 그랜드 투어를 보낸 이유는 귀족으로서 지켜야 하는 최소한의 취향이기 때문이다.

첫 월급을 받은 날로부터 5년이 지난 2018년, 나의 소득은 첫 월급의 두 배를 달성하였다. 드디어 최소 삶 유지비용과 나의 소득이 확실히 멀어진 것이다. 나는 이때부터 취향은 무엇인가에 대해 진지한 고민을 하게 되었다. 무엇을 즐겨야 할지 어디에 돈을 써야 할지 어떤 소비가 나의 취향을 보여주는 소비일지 다양한 고민을 하기 시작했다. 생각해 보면 나의 인생에 있어 예술과 문화에 흠뻑 취할 수 있는 르네상스 시기의 도래였다. 취향에 대한 칼럼을 본격적으로 쓰기 시작한 시기도 이때였다. 당시 나의 소득은 사회 통념상의 고소득은 아니었다. 단지 최소 삶 유지비용보다 약간의 돈을 더 벌었을 뿐이다. 나는 그해에 처음으로 방이 두 개인 1억짜리 전셋집을 구했다. 차분히 글을 쓸 수 있는 방이 생겼고 그 방을 나의 취향으로 꾸밀 수 있는 돈이 생겼으며 주말 정도는 돈을 걱정하지 않고 휴식을 취할 수 있는 여유가 생겼다. 여기서 오른 건 단순히 월급뿐만이 아니었다. 내가 사는 상품의 가격도 두 배로 올랐다. 최소 삶 유지비용이 낮은 시기에는 오직 금액과 기능만 봤었다면 이제는 구매 상품의 브랜드에 대한 신뢰와 디자인을 고려한 선택을 할 수 있게 된 것이다.

그렇다면 취향은 돈이 있어야만 누릴 수 있나? 얼마 전까지만 해도 취향은 돈이 있어야 누릴 수 있었다. 하지만 최근의 변화된 사회상을 보면 다양한 취향을 즐기는 것과 소득의 상관관계는 점점 멀어지고 있다. 경제 자본이 충분한 사람이나 고소득 직장인이 기념일에 즐겼던 고급 식당의 '오마카세(주방 특선 요리 형식을 가리키는 일식 용어)'는 오직 나만을 위한 특별한 식사 경험으로 전파되어 다양한 오마카세 문화가 생겨났다. 과거에는 음지에서 저작권도 없이 팬픽으로만 소비되었던 팬덤 문화는 지금은 양지로 나와 다양한 상품으로 확장되어 마음껏 소비되고 있다.

취향의 시대는 이미 시작되었다. 단, 소득보다 욕망의 소비가 커지는 경우 우리는 삶의 일부를 포기해야 한다. 누군가는 차량이나 집의 소유를 포기하고 누군가는 결혼이나 육아를 포기한다. 나의 취향을 찾아가는 일이 지금 사회에서는 개인의 생존에 더 가치 있는 일이라고 판단하는 사람이 늘고 있다.

소비는 나의 정체성을 설명해 줄 상징이다

특정 브랜드를 자신의 문화상징으로 삼는 것은 효율적인 수단이 된다. 과거에는 삼성과 LG가 가전의 모든 것이었지만 지금은 다양한 가격대의 중소 브랜드가 존재한다. 이뿐 아니라 일본의 발뮤다, 이탈리아의 스메그 등 해외 가전도 손쉽게 구할 수 있다. 기능 위주로 개발되었던 상품들은 가격과 상관없이 자신들의 정체성을 확립하기 위해 노력하는 모습을 볼 수 있다. 상품 자체가 특정 세대나 성별을 대표하는 브랜드가 되는 것을 선호한다. 모두를 위한 상품이 아니라 이제는 특정 취향 집단을 위한 상품으로 진화하는 것이다.

브랜드가 이렇게 정체성을 확립하려는 이유는 바로 개인이 브랜드를 통해 자신의 취향을 드러내는 소비문화가 빠르게 자리 잡고 있기 때문이다. 과거에는 단순히 국민 브랜드와 고가의 럭셔리 브랜드로 나뉘었다면 이제는 환경을 생각하는 브랜드, 청년을 지원하는 브랜드, 동물을 보호하는 브랜드 등으로 정체성이 확장하고 있다. 브랜드는 자본의 영역으로 소비는 커뮤니케이션의 영역으로 진입하고 있다. 더 이상 가족도 회사도 학교도 나를 효율적으로 대표해 주지 않는다. 브랜드 소비는 조금 더 확실한 자기표현 방식으로 자리 잡고 있다.

◆

브랜드는
어떻게 상징이 되는가?

나의 짧은 브랜드 이야기

#가구

내가 전셋집을 얻었던 시기에 운 좋게 회사로부터 약간의 보너스를 받았다. 나는 항상 나만의 작업실을 갖는 것이 로망이었는데 이번에 얻은 전셋집은 침실을 포함해 방이 두 개였다. 그래서 멋진 작업실을 꾸미기로 마음먹었다. 언젠가 《매거진B》에서 '이케아'라는 브랜드를 다루었는데 북유럽 디자인이면서 색상이나 크기가 다양해 선택의 폭이 넓은 것이 매력적이었다. 무엇보다 불필요한 비용을 절감하여 소비자가 부담 없이 좋은 디자인을 경험할 수 있도록 하는 브랜드 철학이 마음에 들었다. 대체로 돈이 부족한 우리가 좋은 가구를 쓸 권리마저 박탈당하는 결말을 바꿔줬기 때문이다. 보너스가 입금된 후 주말에 차를 빌려 기흥 이케아에서 책장과 책상, 서랍, 진열장을 사서 집을 꾸몄다.

작업실이 꾸며진 후 집들이를 다섯 번쯤 했다. 풀 옵션 원룸에서만 살다 처음으로 나만의 가구를 갖는 특별한 경험이었고 집에 누군가를 초대하는 첫 경험이었다. 이케아의 철학은 '모두를 위한 디자인Democratic Design' 즉 '누구나 좋은 디자인을 누릴 수 있도록'이다. 그들의 철학을 존중한다. 물론 이케아 가구를 12시간 정도 조립하다 보면 내 인건비를 고려했을 때 절대 싸지 않다는 사실을 깨닫게 되지만 조립하는 과정은 즐거운 기억으로 남는다. 이케아는 조립하는 경험도 상품으로 디자인한다.

#향수

어느 날 인스타그램에서 겨울 향이 나는 따듯한 머스크 향수라는 설명과 함께 짙은 갈색 병의 향수 이미지를 보게 되었다. 키엘의 머스크 향수였다. 비록 사진이었지만 본능적으로 저 향수가 내 인생 향수임을 느낄 수 있었다. 바로 백화점에 가서 그 향수를 샀고 나는 득의양양한 미소를 지었다. 다음 날 출근하는 길에 자주 가는 카페의 아르바이트생이 내가 쓰는 향수를 물어봤다. 내가 좋아하는데 남도 알아봐 주는 조건을 달성한 이 향수는 나만의 취향으로 삼기에 완벽했다. 그 이후로 7년 동안 같은 향수를 쓰고 있다. 내 취향을 알고 있는 동생은 생일이 돌아오면 뭐가 갖고 싶냐고 묻지 않고 키엘 향수를 보낸다. 동생아, 너도 이제 많이 컸으니 다음부터는 두 개씩 보내줬으면 좋겠다.

#스마트폰

스마트폰이 처음 나왔을 때부터 2016년까지 나는 갤럭시를 쭉 써오고 있었다. 어느 날 동료에게 아이폰으로 바꾸는 것을 고민하고 있다고 말하자 동료는 너는 갤럭시가 어울린다며 계속 갤럭시를 쓰라고 말했다. 하지만 나는 그 후 핸드폰을 아이폰으로 바꿨고 지금까지 쭉 아이폰을 쓰고 있다. 그런데 얼마 전 지인 모임에서 최근에 나온 삼성의 폴더폰 디자인이 좋아 스마트폰을 바꿔보고 싶다고 말했다. 그러자 지인들이 나에게 아이폰이 잘 어울리는데 왜 바꾸냐고 반문했다. 지난 몇 년 동안 나의 이미지는 갤럭시에서 아이폰으로 달라진 것일까? 아니면 내가 가지고 있는 브랜드를 통해 주변에서 이미 나를 인식하고 있는 것일까? 2016년에도 갤럭시를 쓸 것 같은 사람과 아이폰을 쓸 것 같은 사람에 대한 이미지 논쟁이 있었다. 그런데 수년이 지난 지금도 우리는 이 이슈에 대해서 자유롭지 못하다.

21세기의 가문 브랜드

명성이 높은 귀족 가문은 몇 대에 걸쳐 축적한 가문의 부와 명예뿐만 아니라 그들만의 고유한 양식과 문장을 소유하고 있다. 그들의 양식에는 가문의 문장을 새긴 리넨 손수건, 특별한 비법으로 만든 잼이나 와인 같은 상품이 있다. 이처럼 가문의 상품과 문장을 소유하고 있는 사람은 남들로부터 자신을 구분할 수 있는 상징을 얻게 된다.

가문은 산업화 시대 이전에 개인의 무리를 대표하는 일종의 브랜드였다. 하지만 현재는 혈연을 중시하는 족벌주의 사회는 사라졌고 현대의 가족 구성도 더 이상 쪼갤 수 없는 1인 가구가 주를 이루고 있다. 이제는 고급문화를 향유하는 가문을 찾아보기 어렵다. 나를 대표할 공동체가 없는 시대에 개인은 본인의 취향과 위치를 보여주기 위해 피 한 방울 섞이지 않은 브랜드를 선택하기 시작했다. 개인의 짧은 역사와 노력만으로는 자신을 내세울 수 있는 상징을 쌓기 어렵기 때문이다.

브랜드와 가문은 유사한 특성을 공유하고 있다. 고유한 이야기가 있고 삶의 철학이 있으며 대중이 선호하는 상징이 있다. 이처럼 브랜드는 사람들이 추종하기 좋은 조건을 가지고 있다. 차이가 있다면 가문은 혈연이나 특정한 조건을 달성해 부여받는 것이고 브랜드는 오직 개인이 가진 경제 자본으로 구매가 가능하다는 점이다. 브랜드는 개인이 소비로 이룰 수 있는 가장 쉽고 성공적인 상징 자본이다.

개인의 신뢰를 대신하는 '상징 자본'

우리는 다양한 브랜드 제품들과 삶을 함께하고 있다. 어떤 물건은 선물 받은 것이고 또 어떤 물건은 한 달 동안의 점심값을 포기하고 산 감성을 자극하는 가전일 수도 있다. 나를 둘러싼 이 브랜드는 모두 나를 표현하는 상징이다. 우리는 모두 각각 다른 외모와 분위기를 가지고 있지만 브랜드라는 상징은 해당 브랜드를 아는 사람에게 통일된 가치를 부여한다. 그러므로 해당 브랜드를 가지고 있는 것만으로도 그 사람이 사회적으로 어떤 위치인지, 나를 도울 수 있는 사람인지, 내가 도와야 할 사람인지 등을 판단하는 것이다. 이와 같이 우리는 소통할 때 단순히 대화를 넘어 상대의 태도, 분위기, 외적인 형태 등 비언어적인 상징을 해석하는 작업을 동시에 진행한다. 브랜드라는 상징이 나에 대한 인식을 만들어 내고 그 인식이 어떤 기회나 긍정 효과를 가져다준다면 이는 곧 자본이 된다.

부르디외는 개인이 가지고 있는 상품의 브랜드, 명문 학교의 졸업, 공인 자격증과 같이 사회적 신뢰가 높은 상징이 개인의 신분이나 위세를 형성하는 것을 '상징 자본'이라고 말했다. 상징 자본은 은

은한 과시, 보이지 않는 폭력과 같다. 상징 자본은 실체와 상관없이 개인이 쌓은 명성과 상징만으로 권력을 형성하는 것으로 '보이지 않음'이라는 공통점이 있다.

한 가지 예를 들어보자. 일반인이 가장 잘 따르는 전문가는 의사다. 의사는 흰 가운을 입고 정체 모를 기기로 나를 진단한다. 진료실에는 의사면허증과 학위증이 진열되어 있다. 의사는 한정된 정원의 명문 학교, 국가 공인 자격증, 흰 가운이라는 대표적인 상징이 있다. 병원에서 만나는 흰 가운을 입은 사람은 실력이 형편없는 의사일 수 있고 의사 행세를 하는 사람일 수도 있지만 그의 지시를 따르지 않을 수 없다. 의사는 브랜드의 신뢰가 매우 높은 직업이다. 최근 이 브랜드의 신뢰를 이용한 사기 행각도 증가하고 있다. 익명 직장인 커뮤니티 블라인드에서 의사나 경찰로 인증받은 계정을 사서 이성과의 만남에 이용하는 사례가 발생했다. 럭셔리 브랜드의 상징 자본을 활용한 범죄도 마찬가지다. 온몸에 명품을 휘감고 재벌 행세를 하거나 위조된 통장 잔액을 보여주며 주식 부자 행세를 하고 거짓 투자로 이끄는 사기 행각은 연일 뉴스를 장식한다. 거짓 자본을 가진 사람이 행동이 어눌하고 명품과는 거리가 멀어 보이는 언행을 보여도 속는 이유는, 브랜드가 가진 아우라가 우리의 이성을 현혹하기 때문이다. 이는 실체보다 상징을 통해 사람을 쉽고 빠르게 판단하도록 하는 상징 자본의 대표적인 부작용이다.

브랜드는 그 브랜드를 사용하는 사람의 이미지를 만들어 준다.

그렇게 만들어진 이미지는 타인의 신뢰를 받을 수 있는 입장권이 생긴다. 사람이 빽빽한 도시 중심의 사회에서 명예와 인정을 중요하게 생각하는 한국에서는 브랜드를 통한 이미지 형성은 필수적인 과정이 되어 가고 있다. 우리는 이 이미지의 형성이 크게 두 갈래로 나뉘는 것을 볼 수 있다. 첫째는 럭셔리 브랜드를 통해 사회 격차를 나누는 계층문화고 둘째는 의미 있는 소비를 통해 하나의 메시지를 지향하는 취향 공동체 문화다.

럭셔리 브랜드와 의미 소비 브랜드의 대치

우리가 브랜드를 소비하는 이유는 그 브랜드가 가지고 있는 상징과 지위가 곧 나의 취향과 계급을 나타내주길 바라서다. 이와 같은 현상은 럭셔리 브랜드 소비가 대표적이다. 용도에 비해 납득할 수 없을 정도로 값비싼 럭셔리 브랜드는 아무나 접근할 수 없는 가격으로 경제 자본의 구분을 만들어 낸다. 이러한 럭셔리의 특징이 보이지 않았던 자본의 서열을 생생히 보여주는 도구로 자리 잡았다.

럭셔리 브랜드를 얻는 데 필요한 조건은 오직 경제 자본이다. 명품 지갑을 얻는 데 소유자의 자격시험을 보지 않고 특정한 학력을 요구하지 않는다. 오직 럭셔리 브랜드의 값을 감당할 수 있는 자본가를 기다릴 뿐이다. 럭셔리는 결국 사업을 통해 급격히 부를 쌓거나 풍족한 재산을 물려받은 신흥 자본가의 욕망을 채워주는 상징, 그리고 상류층이 되고 싶은 사람들의 상징으로 전락했다.

이와 반대로 부상하는 소비문화도 있다. 바로 브랜드가 지향하는 의미를 소비하는 문화다. 이러한 '의미 소비'는 상대적으로 경제 자본은 적지만 잘 배운 젊은 노동자 계층이 주도하고 있다. 이들은 쌓아 놓은 부가 적기 때문에 상위 계급의 명품을 소비할 여유가 없다. 그러므로 자신이 구매할 수 있는 선에서 추앙할 수 있는 메시지를 가진 브랜드를 따르기 시작한다. 문화적 의미로의 소비를 통해 그들은 스스로 특별해지는 방법을 선택했다.

내가 주로 이용하는 의미 소비 브랜드와 각각의 슬로건은 다음과 같다. 이케아 '모두를 위한 디자인', 파타고니아 '자연을 훼손하지 않고 자연을 회복시키는 아웃도어', 룰루레몬 '꾸밈없이 땀 흘리는 나의 아름다운 모습', 발뮤다 '바람 한 점, 빵 한 조각, 커피 한 모금의 순간마저 찬란하도록'. 이 브랜드를 선택한 이유는 바로 이 메시지 때문이다. 환경을 아끼고 자연을 즐기는 사람들은 파타고니아 브랜드를 공유하며 동일한 메시지를 자신의 상징으로 삼는다. 땀 흘리는 스포츠를 좋아하는 사람들은 나이키와 룰루레몬을 통해 그 가치를 공유한다. 이처럼 우리는 자연스럽게 브랜드를 통해 가치관을 공유한다.

준명품이라고 불리는 '컨템포러리'의 유행도 같은 맥락이다. 컨템포러리는 패션계에서 주로 사용되는 개념으로 소규모 브랜드지만 품질과 디자인이 뛰어나고 가격은 합리적인 상품을 뜻한다. 컨템포러리 상품의 등장은 실제 럭셔리에 목매지 않고 자신만의 고급문화를 찾아가는 좋은 경험을 전달한다. 계속해서 컨템포러리의 인기가 높아지는 이유는 삶의 질을 높이는 나만의 브랜드로 역할을 하기 때문이다. 커다란 상징을 보유한 럭셔리 브랜드는 개인의 취향을 삼켜버린다. 하지만 컨템포러리 브랜드는 개인의 취향을 꾸며주는 역할을 충실히 수행한다. 브랜드가 도달하는 소비 사회의 영역이 훨씬 좁고 세분화되어 있기 때문이다.

지금까지 브랜드의 가문화 현상과 럭셔리 브랜드, 그리고 의미 소비 브랜드의 상징 자본에 대해 알아보았다. 브랜드는 결국 상징을 통해 소비자에게 가치를 제공한다. 그리고 소비자는 계속해서 자신의 위치와 철학을 확인한다. 문제는 자신의 위치를 확인하는 것으로 끝나지 않고 계층을 재생산하는 것이다. 자신의 브랜드를 기준으로 높고 낮음을 만들어 다른 브랜드의 위치를 지정하는 것이다. 21세기 가문은 같은 가치를 공유하는 집단에서 멈추지 않고 21세기 계층화로 얼룩지고 있다.

3

✦

나의 첫 차는
어떻게 계급이 되었는가

내 인생의 첫 차

몇 년 전에 구매한 첫 차를 집 앞에서 인도받던 순간은 내 인생에서 가장 행복했던 순간 중 하나다. 얼마나 좋았는지 취·등록세를 납부하는 것마저 기꺼웠다. 지금까지 살아오면서 단일 품목으로 가장 큰 돈을 주고 구매한 나의 첫 재산이었다. 고등학교 3학년 때 딴 운전면허는 15년 내내 술 마실 때 나이를 확인하는 용도로만 사용해 왔는데 드디어 운전면허를 딴 보람을 느낄 수 있었다. 오랫동안 차를 구매하지 않은 이유는 매월 감당해야 하는 비용이 부담되어서다. 자동차를 구비하는 건 소형 신차 기준으로 2,000만 원 상당의 돈을 일시불로 지급할 수 있거나 매달 할부금을 포함해 주차, 보험, 기름값을 생각하면 최소 월 50만 원 이상을 50개월 동안 납부할 여유가 있어야 가능한 일이다. 학자금 대출과 월세만 내도 빠듯한 삶인데 자동차까지 굴리는 일은 그야말로 사치였다.

그럼에도 내가 차를 구매하기로 마음먹은 이유는 결혼을 준비하면서다. 결혼 소식을 전하기 위해 지인들을 만나고 또 양가의 가족들을 찾아뵈어야 하는데 내 소유의 차를 끌고 가 번듯한 중산층 직장인의 모습을 보이고 싶었다. 마침 5년 동안 상환하던 학자금 대출 상환이 종료된 시기이기도 했다. 매달 30만 원씩 갚고 있던 학자금 대출 비용을 다른 곳에 사용할 수 있게 되었다. 어차피 차를 사도 차를 사지 않아도, 집은 사지 못하는 건 변함이 없겠다는 계산도 있었다. 가파르게 오른 서울의 집값은 직장인이 급여를 모아 살 수 있는 범주에서 한참 벗어난 지 오래다.

그렇게 나는 30대 중반이 되어서야 자본금 800만 원과 50개월의 신용을 담보로 겨우겨우 차를 마련했다. 차를 처음 인도받을 때의 느낌은 커다란 장난감을 받고 기뻐하는 환희 그 이상이었다. 사회생활 15년이 지나서야 이 사회에서 차를 운영할 수 있는 자격을 얻은 것 같아 감격스러웠다. 차는 유지비도 비싸고 교통체증도 빈번한 우리나라에서는 비효율의 상징이라고 스스로 비난했던 나는 온데간데없었다. 차를 구매한다는 건 내가 원하는 시간에 즉시 이동할 수 있는 자유 즉 이동의 자유를 가진 시민의 권리를 사는 것이기도 했다. 원하는 시간에 원하는 곳으로 이동할 수 있는 권리는 마치 자동차를 구매하고 세금을 더 많이 내는 시민을 우대하는 느낌마저 들었다. 지금까지 다녀보지 못한 도심의 큰 비중을 차지하는 자동차 도로를 드디어 밟았을 때 이제 내가 가지 못하는 곳은 없겠다는 생각에 살짝 감격스럽기도 했다. 어느 날 친한 이에게 드디어 차를 샀다며 자랑하자 그는 이렇게 말했다. "축하해! 더 빨리 사지 그랬어. 이제 그 차로 갈 수 있는 곳만큼 너의 경험과 취향이 넓어질 거야." 맞는 말이었다.

세상에 차는 많다. 단, 우리가 탈 수 있는 차는 이미 정해졌다

잠시 첫 차를 구매한 행복에서 벗어나 보자. 차를 사기로 마음먹고 가장 고민했던 건 "무슨 차를 사야 하나?"였다. 수천만 원이나 하는 고가의 상품을 구매해 본 경험이 없어 무엇이 중요한 가치인지 잘 몰랐다. 그래서 평소 어떤 차를 사고 싶다는 취향도 없었고 네 바퀴로 굴러만 가도 만족할 생각이었다.

무슨 차를 살지 고민하면서 가장 먼저 떠올린 차는 중고 아반떼였다. 마치 아버지의 중형세단을 작게 축소한 것 같은 이 차는 신차 구매 시 2,000만 원, 중고차 구매 가격은 600만 원 남짓이었다. 무난한 4인승 승용차가 필요한 사람에게는 저렴한 금액이라 사회 초년생의 첫 차로 유명하다. 차를 구매하는 것은 낭비라는 생각으로 살아왔던 사람인데 갑자기 차가 꼭 필요해 차를 사야 한다면 아반떼 중고는 매우 합리적이다.

물론 나는 그 합리적인 선택을 하지 않았다. 인생의 가장 커다란 소비를 이렇게 무난한 선택으로 끝내고 싶지 않았다. '차를 구매하는 일이 인생에 몇 번 없는 일이다', '차에 대해 잘 알지도 못하면서 덜컥 중고차를 사면 수리비가 많이 나온다', '새 차는 중고로 팔면 좋은 가격을 받을 수 있다' 등등 이런저런 이유를 떠올리며 가격대가 합리적인 신차를 알아보기로 했다. 이때까지만 해도 알지 못했다. 아반떼로 시작해 아우디 A6까지 이어지는 어처구니없는 빌드업이 될 거라고 말이다.

600만 원으로 외제 차도 살 수 있다고요?

나에게 맞는 차를 고르기 위해 국내 모든 자동차 브랜드의 대리점에 방문하여 다양한 차를 경험했다. 차들은 신기하게도 500만 원만 높이면 한 등급 높은 차량을 구할 수 있었다. 당장 500만 원을 내야 한다면 부담이 크지만 50개월 할부를 한다면 월 부담액이 10만 원으로 가벼워진다. 이런 식으로 다섯 단계만 높여도 2,500만 원 더 비싼 차를 살 수 있게 된다.

당시 지인 소개로 만난 자동차 판매 담당자는 마치 불가능이 없는 신과 같았다. "어떤 종류의 차를 사고 싶은데 가능할까요?" 물어보면 그는 국내 차, 외제 차, 중고차까지 모든 종류의 차를 구매 가능한 방법으로 제안해 줬다. 월에 낼 수 있는 금액만 알려주면 소형차는 단기 할부, 국산 중형차는 장기 할부 상품으로 가능했고, 아우디 A6는 초장기 중고차 전용 할부 상품을 제시했다. 마치 감당은 나의 몫이라는 듯 고급 차량 추천도 거침이 없었다. 소형 세단 → 소형 SUV → 중형세단 → 중형 SUV → 소형 외제 차 → 중형 외제 차. 이렇게 나의 욕심은 어처구니없을 정도로 팽창하고 있었다.

혹시 어디 회사 다니세요?

한참 욕심의 풍선이 팽팽했을 때 BMW 미니 매장이 있는 대형 쇼핑몰에 방문했다. 컨트리맨 새 차를 미리 경험하고 싶었기 때문이다. 깨끗하고 고급스러운 매장에 컨트리맨이 영롱한 자태를 뽐내고 있었고 저걸 보고 있으려니 어느 정도 무리를 해도 좋겠다는 생각마저 들었다. 찬찬히 외관을 뜯어보고 매장 사원에게 가격을 문의했다. 역시 외제 차는 부담스러운 가격이었다. 이런저런 설명을 하던 사원은 내게 비밀스러운 눈빛을 보내더니 갑자기 회사 목록이 적힌 카탈로그를 꺼내 들었다. 그 목록에는 이름만 들어도 알 법한 대기업 이름이 빼곡했고 차종별로 명시된 할인율도 좋았다. 대기업 사원을 위한 특별 프로모션 가격을 소개하며 어떤 회사에 속하는지 물었다. 해당 사항이 없던 나는 태연한 척 대화를 마무리하고 자리를 떠났다. 소비 여력이 부족한 사람을 위한 할인이 아닌 소비할 여력이 있는 사람에게 할인해 당일 계약을 유도하는 숨겨진 정책이다. 아이러니한 경험이었다.

'이 연봉에 이 차를 사도 괜찮나요?'

온라인 커뮤니티를 보면 위와 같은 질문이 심심치 않게 올라온다. 타인의 판정이라는 객관성을 통해 심리적 안정을 얻고자 하는 노력이다. 그런데 조금만 무리하면 더 좋은 차를 살 수 있다는 점이 욕망을 부추긴다. 때문에 이런 욕망에 이끌려 자신의 한계를 넘어선 선택을 하는 경우가 많다. 유독 차에서 이런 고민이 이어지는 이유는 차가 단순히 원하는 곳으로 이동하는 기능뿐 아니라 소유하는 것만으로도 자신의 신분을 드러내는 역할을 하기 때문이다. 이는 본인의 의지와 상관없이 내가 타는 차가 타인이 나의 계급을 가늠하는 기준이 된다.

　욕망과 판정이 계속되면서 결국 자동차 계급도라는 이미지가 탄생한다. 자동차 계급도는 어떤 상품보다 먼저 온라인상에서 명확한 계급도를 형성하고 있다. 연봉 3,000만 원부터 1억 원 이상까지 1,000만 원 단위로 계층을 구분하고 있다. 사람들은 이 계급도에서 벗어나 자신의 연봉보다 비싼 차를 구매한 사람을 '카 푸어'라고 부르며 조롱한다. 또한 계급 내에서 자신의 소득에 맞는 차를 산 사람은 스스로 위안을 삼는다.

그래서 나는 결국 무엇을 선택했을까?

아반떼에서 시작한 나의 체급 올리기 게임은 결국은 BMW 미니 컨트리맨과 아우디 중고까지 다녀온 후에야 정신을 차릴 수 있었다. 그렇게 끝까지 올라갔던 차의 등급은 마치 팽창한 풍선의 주둥이를 살짝 열고 공기를 조금씩 빼내듯 내가 감당할 수 있는 월 할부금과 아슬아슬한 줄다리기를 했다. 당시 가지고 있던 현금 800만 원과 잔금 1,400만 원을 50개월 할부로 계약해 그해 처음으로 나온 소형 SUV를 구매했다.

겨우 고른 이 차는 몇 가지 기준을 통과했다. 나는 경차를 무시하는 시선에서 벗어날 수 있는 최소한의 크기를 가진 차, 당장 고장 날 염려가 적은 새 차, 대중적이고 신뢰가 높은 브랜드의 차, 타는 사람이 적어 희소성이 있는 신형 모델인 차를 원했다. 무엇보다도 자동차 계급도에는 없는 차이길 원했다. 차를 사야겠다고 마음먹은 순간부터 차를 구매한 모든 순간이 나의 위치와 내가 어떻게 보일지 고민하는 선택의 과정이었다.

이 차는 누구의 취향인가?

3개월 동안 애써서 고른 차는 과연 나의 취향일까, 아니면 내가 강요당한 계급의 취향일까. 아반떼를 사고 싶지 않아 수많은 자동차를 비교하고 견적을 받으며 새로운 차종을 선택했다. 틀에 박힌 계급도를 벗어나고 싶었지만, 아반떼와 겨우 200만 원 차이 나는 나의 SUV는 결국 계급도를 벗어날 수 없었다. 내가 고른 신형 SUV는 그 다음 해 새로 갱신한 계급도에서 아반떼가 속한 그룹에 포함되었다. 단지 새로 나온 모델의 희소성을 2년 정도 누린 것이 내 노력에 대한 결실의 전부였다. 분명 이 차는 내가 정성껏 고른 나의 취향이 담긴 차지만 나의 소득에서 벗어나지 못한 중산층의 취향이 담긴 차이기도 했다. 자동차 회사들은 여행을 즐길 수 있는 저렴하고 큰 차를 선호하는 취향을 담아 소득이 넉넉하지 않은 2030 직장인의 공통 취향을 고려해 실용적인 SUV 모델을 내놓은 것이다. 내가 선택한 차는 결국 나의 취향이기도 하고 나와 비슷한 사람들의 사회적 취향이기도 하다. 그리고 가장 위험성이 적은 선택을 한 것에 대해 만족한다. 욕망에 이끌려 외제 차를 사지 않았고 실속에만 집중해 경차를 고르지 않았다. 최소한의 사회적 지위를 달성하면서 효용을 챙긴 결정이다.

부르디외가 말하는 개인의 아비투스에 따르면 개인의 선택은 온전히 개인적이지 못하고 사회환경과 개인의 주변 환경 요구한 취향이 공존하는 것을 말한다. 그런데 연봉 대비 가격대별 차량을 나눈 자동차 계급도는 권위가 생기고 해당 계급도에서 벗어나지 못하게 하는 일종의 압력을 주는 것은 개인의 선택보다 더 높은 권위로 선택을 제한토록 하는데 이를 상징 폭력이라고 한다. 더 나은 삶을 살고 있다는 안도감을 느끼기 위해 우리는 끊임없이 스스로 계급을 확인한다. 하지만 상품을 계급화하며 남과 나를 구분하는 계급의 지표로 사용하는 것은 결국 차별과 선택의 제한을 만들어 낸다. 이처럼 상징 권력은 이미지가 힘을 갖는 것이다. 자동차 계급도라는 이미지가 지표가 되어 개인의 선택에 한계선을 만든다. 이러한 억압을 때로는 스스로 행하고 때로는 타인에 의해 행해진다.

4

거주 공간이 바꾸는
개인의 취향

40평 같은 4평 옥탑방 (300/35)

옥탑으로 이사하던 당시 사회 초년생이라 양심도 돈도 없었던 나는, 이사를 도와주는 아저씨에게 15만 원을 드리고 온갖 짐과 커다란 장롱을 엘리베이터도 없는 4층짜리 건물 옥상까지 올려달라고 했다. 자신의 키보다 큰 장롱을 등에 받치고 낑낑 옥상을 올라가는 아저씨를 보며 미안한 마음이 들었다. 그때까지만 해도 왕자행거라는 가볍고 수납력이 뛰어난 자취용 가구가 있다는 것을 알지 못했고, 옷은 꼭 장롱에 넣어야 하는 줄 알았다. 짐을 다 옮기고 난 후 아저씨가 떠나자 나는 텅 빈 옥상에 덩그러니 혼자 남았다. 안타깝지만 옥상 거주자로서 기대할 수 있는 멋진 경관은 존재하지 않았다. 주변은 이미 내가 서 있는 옥상보다 키가 큰 아파트로 둘러싸여 있었다. 마음만 먹으면 세 개의 각기 다른 브랜드의 아파트 주민이 나를 관찰할 수 있을 것만 같았다. 작은 걸리버가 거인 가족이 사는 동네에 잘못 떨어진 느낌이었다. 이곳은 1인 가구를 위한 동네가 아니었다. 가족 단위 외식에나 어울리는 식당은 있었지만 간단히 끼니를 때울 식당은 부족했다. 수선집도 빨래방도 없었다. 어쩌다 이런 곳을 선택했을까?

경기권에 있는 옥탑방은 나의 이름으로 계약한 첫 번째 집이었다. 그때 당시 나는 첫 직장인 가산디지털단지에 있는 스타트업 회사에 다니기로 한 상태였다. 대한민국 최고의 디지털 교과서를 꿈꾸는 스타트업의 합격 통보에 정중한 거절 의사를 밝혔지만 또 한 번 전화가 왔을 때는 차마 거절하지 못했다. 결국 다음 달부터 출근하기로 약속한 후 급하게 자췻집을 구하게 되었다. 당시의 나는 집에 대한 어떤 취향도 없었다. 더불어 1인 가구로서 자취를 대하는 삶의 노련미도 없었다. 그러므로 살고 싶은 곳을 내가 선택했다는 말이 되지 않는다. 나에게 허락된 장소가 이미 나의 선택이다.

가지고 있는 자본금으로 내가 고를 수 있는 자취방 타입은 딱 두 개였다. 옥탑방 아니면 반지하다. 반지하의 경우 같은 가격이라도 훨씬 면적이 넓고 옵션이 좋은 경우도 많았지만 밑으로 내려가는 느낌이 마음에 들지 않았다. 너무 춥고 너무 더워도 나의 선택은 옥탑

뿐이었다. 그렇게 찾은 옥탑방은 4평짜리 아주 작은 방이었다. 세탁기도 없고 책상도 없는 무옵션의 방은 휑하니 넓어 보이기까지 했다. 그럼에도 옥탑방이 나를 만족시킨 유일한 조건이 있는데 바로 옥상의 열쇠를 나만 가지고 있을 수 있어서이다. 이는 40평의 넓은 옥상을 전부 내가 단독으로 쓸 수 있다는 의미였다.

40평 옥상이 딸린 4평의 옥탑방은 직장생활 경력 중에 소득이 가장 낮은 사회 초년생 시기에 고를 수 있는 최선이었다. 다행히 옥탑 생활이 힘들지만은 않았다. 옥상을 단독으로 사용할 수 있는 이곳은 처음 옥탑을 고를 때 기대했던 로망에 부합한 곳이었다. 고급 아파트 최상층의 펜트하우스나 누릴 수 있는 나만의 프라이빗한 외부 공간을 누릴 수 있다는 점이 마음에 들었다. 나는 옥탑으로 친구들을 초대하여 즐거운 추억을 많이 만들었다. 주말에는 지인들과 삼겹살을 구워 먹고 밤에는 별을 보며 맥주를 마시곤 했다. 소음 걱정이 없어 평소 배우고 싶었던 기타 연습도 눈치 보지 않고 할 수 있었다. 나에게 허락된 공간이 4평의 옥탑방뿐 아니라 40평의 옥상이 있기에 가능한 일이다. 어느 날 한 지인은 내게 응원해준다며 이런 말을 남겼다. "너의 공간은 지금 여기에 있는 옥탑방이 전부가 아니야. 지금 네가 서 있는 옥상에서 시선이 닿는 곳 전부가 너의 공간이야." 10년이 지나도 기억에 남는 응원이다. 저런 소리가 자연스럽게 터져 나오는 것을 보면, 옥탑은 옥탑에 사는 사람도 옥탑에 방문하는 사람도 낭만을 느끼는 장소였음이 분명하다. 적은 돈으로도 기죽지 않고 취향을 표현할 수 있는 유일한 주거 공간이기도 하다.

신축 풀 옵션 6평 원룸 (1000/50)

옥탑에서 약 3년을 살던 중에 강남에 있는 스타트업으로 이직이 결정되었다. 평소에 가고 싶었던 회사였고 이직을 위해 공을 많이 들인 회사였다. 유망한 스타트업으로 이직하는 김에 내 거주지에도 변화가 필요하다고 판단했다. 경기권의 옥탑방에서 나와 드디어 서울로 진입하기로 마음먹었다. 강남에 있는 회사로 출근하기 위해 지하철 2호선 주변을 유심히 찾아보았다. 당시 30분 내로 출근할 수 있으며 보증금과 월세가 가장 저렴한 곳은 신림역과 신대방역이었다. 서울대입구역이나 낙성대역도 후보에 있었지만 강남과 한 정거장씩 가까워질수록 보증금 1천만 원 또는 월세가 10만 원 올랐다.

　나는 도보로 5분 만에 보라매공원을 갈 수 있는 신대방의 신축 원룸을 소개받았다. 옥탑에서 3년을 살다 보니 마치 안에 있어도 밖에서 사는 것 같은 캠프장 스타일은 피하고 깔끔한 화장실과 단열이 잘되는 곳을 원했다. 다행히 신축 원룸은 따뜻하고 깨끗했다. 작은 방과 더불어 아담한 주방과 화장실이 딸린 분리형으로 신식구조였다. 그뿐 아니라 에어컨, 세탁기, 냉장고, 전자레인지, 인덕션이 모두 완비된 풀옵션이었고 내가 첫 번째 사용자였다. 이전 회사에서 받은 퇴직금 덕분에 보증금을 마련했고 이직하면서 오른 연봉으로 월세도 감당할 수 있는 수준이었다. 저번 집보다 오른 보증금만큼 삶의 질도 올라갔다.

단 하나 아쉬운 점이 있었는데 그건 바로 원룸의 크기다. 전에 살던 옥탑방은 비좁았어도 40평의 넓은 옥상이 있었다. 하지만 새로 이사한 6평 원룸은 일신의 안정을 누리는 데에는 문제가 없지만 그곳에 사는 2년 동안 누구도 초대하지 못했다. 내 몸 하나 누일 방 말고는 나의 취향을 보여줄 수 있는 어떤 공간도 없었다. 6평 안에 모든 것을 갖추었다고 좋아했지만 지나고 보니 작은 공간에 다양한 옵션을 욱여넣어 기형적으로 보였다. 방은 저번 집보다 더 작아 보였고 붙박이장과 벽 사이 틈에 자리 잡은 책상은 무언가를 하기에는 턱없이 비좁았다. 필수 가전인 전자레인지나 세탁기 에어컨 모두 원룸용으로 표준화되어 기능이 몇 개씩 빠져있었다. 그나마 나의 취향을 보여줄 수 있는 물건이라곤 열심히 사서 모은 책밖에 없었는데 작은 공간에 책이 많아지자 오히려 거주하는 인간을 밀어낼 정도로 처치 곤란이었다. 전자책 회사에 다니는 사람이 종이책을 부둥켜안고 자는 것도 이상하다 싶어 정말 좋아하는 책이 아니라면 가능한 한 소장하지 않는 버릇도 생겼다.

그 공간에는 나의 육체를 감싸는 이불 한 채와 몇 권의 책 그리고 한쪽에 가득 쌓인 생수통이 전부였다. 어둡고 고요하고 바깥과 단절된 6평 원룸 세상은 평온하기 그지없었다. 하지만 내 방은 마치

종말 이후 살아남은 생존자의 벙커 같았다. 그 벙커에서 희망을 꽃 피우기에는 공간이 너무 비좁았다. 그래서 나는 쉬는 날이면 보라매 공원으로 나가 산책을 했고 산책이 끝나면 동네에 있는 카페를 찾 아다녔다. 카페 주인의 취향에 따라 각양각색으로 꾸며진 공간은 이 불에서 벗어난 나를 맞이하는 멋진 세계였다. 카페에서 책을 읽거나 글을 쓰며 서너 시간을 머무는 것을 즐겼다. 물론 나는 2시간에 한 번 음료를 주문하였고 카페 주인은 오래 앉아 있는 나에게 눈치를 주지 않았다. 우리 사이에 합의한 암묵적인 도리였다. 그 시간 동안 나는 충분히 정신적인 휴식을 취했고 남은 시간은 생산성 있는 작업 을 할 수 있었다. 6평 원룸이 나의 몸을 지키는 최후의 보루였다면 동네 카페는 나의 마음을 지키는 안식처였다.

아차산이 품은 14평 투룸 (1억)

신대방에서의 2년을 마치고 다음으로 내가 이사한 동네는 광진구 구의동이었다. 6평 신축 원룸 계약이 끝나는 시기에 어디로 이사 갈 지 고민이 많았다. 이번만큼은 직장 거리와 돈에 맞추기보다는 내가 살고 싶은 집과 동네를 꼼꼼히 고르고 싶었다. 좋은 동네를 수소문 하던 중 직장동료에게 정취가 좋고 산책하기 안성맞춤인 숲세권 동 네를 소개받았다. 그곳이 바로 광진구였고 아차산의 등산로가 연결된 곳이었다.

하지만 이 동네에는 몇 가지 단점이 있었다. 직장과 연결된 지하철 2호선에서 벗어나 5호선을 이용해야 하므로 출근 시간이 늘어났다. 그리고 아차산은 숲세권답게 집들이 주로 경사에 있는 경우가 많았다. 중개사와 함께 처음 집을 보러 가는 날 경험한 가파른 경사에 나의 계약에 대한 의지가 살짝 흔들린 것도 사실이다.

중개사와 함께 집을 보는 날이었다. 아차산 집으로 함께 가던 중 중개사는 내게 말했다. "청년은 운이 좋아요. 원래 먼저 계약하기로 한 어르신이 있었는데 오르막길 부담스러워서 오늘 오전에 계약을 포기하셨어요." 그러면서 "지금 어디 가서 이 가격으로 이만한 전셋집 못 구해요. 너무 고민하지 말고 얼른 계약해요."라는 말까지 내뱉고 나서 급히 숨을 헐떡였다. 곧 오르막의 중턱에 서 있는 낡은 빌라가 나타났다. 목적지에 도착하여 숨을 겨우 가다듬고 나니 계약을 포기한 어르신이 현명했다는 것을 느낄 수 있었다.

하지만 나는 이미 동네에 방문하는 순간 동네의 활기에 마음이 기울었다. 내가 전에 살던 신대방 부근의 원룸촌은 대체로 혼자 사는 1인 가구 주민이 많았다. 낮에는 모두가 출근해 적막하고 밤에는 지친 발걸음으로 퇴근할 뿐 눈에 익은 이웃 하나 없었다. 그런데 아차산에는 아이부터 노인까지 다양한 연령층의 사람들로 시끌벅적했고 주말이면 등산객들로 붐볐다. 1인 가구가 아니라 다양한 형태의 가족이 사는 동네의 싱그러움이 느껴지는 곳이었다. 이곳의 진정한 가치는 바로 등산 명소에는 빠질 수 없는 맛집이다. 아차산에 사는 동안 나의 영혼은 손두부집의 모두부와 막걸리가 찌웠고 나의 배는 신토불이와 순금이네 떡볶이가 찌웠다고 해도 과언이 아니다. 오르막을 오르내리며 태운 열량 정도는 가뿐하게 채울 수 있는 먹거리의 동네다.

집을 보고 온 바로 다음 날 나는 계약을 결정했고 인생 첫 전세 계약을 진행했다. 월세 대신 은행 이자를 내는 계약은 인생의 여정에서 뜻깊은 전환이었다. 좋은 곳의 기운을 받아서인지 첫 전세에 이어 회사로부터 첫 보너스를 받았다. 나는 큰 고민 없이 집 꾸미기를 선택했고 매형과 함께 이케아에 가서 가구를 한가득 실어 왔다. 풀 옵션 원룸에서 벗어나 다시 무옵션 집을 얻게 된 나는 인생 처음으로 취향이 깃든 가구들을 사기 시작했다. 두 개의 방 중 하나는 침실로 꾸몄고 나머지 하나의 방은 나의 작업실이자 서재 그리고 응접실로 꾸몄다. 침실과 취미 공간이 분리되는 일은 단순히 벽 하나 세워지는 것 이상이다. 이불로 휘감겨 있던 원룸의 혼탁한 세상이 육신의 쉼터와 영혼의 아지트로 나뉘는 일이었고 개인의 역사로 기록될 만한 일이었다.

제대로 된 공간이 생기자 나는 어서 사람들을 부르고 싶었다. 그동안 초대하지 못한 한을 풀듯이 집들이를 다섯 번이나 하며 나의 공간을 지인들과 함께 즐겼다. 아차산에는 시장이 있어 먹거리가 많고 집과 산책로가 가까워 지인들과 주변의 다양한 공간을 즐길 수 있었다. 월세보다 낮은 전세대출이자 덕분에 아차산에 살면서 인생 첫 차를 구매하기도 했다. 아차산은 여러모로 삶의 퍼즐이 완성되어 가는 느낌을 받은 행복한 보금자리였다.

누군가의 10년

아차산 14평 전세 2년 계약을 마치고 나는 1인 가구로서 마지막 거주지인 24평 아파트로 이사했다. 이때 대출에 필요한 최소 보증금은 5,000만 원이었다. 4평, 6평, 14평, 24평 약 2년마다 40%씩 공간을 확장할 수 있었던 이유는 지난 10년 평균 약 10% 이상 상승한 연봉과 퇴직금이 있었기에 가능한 일이었다. 이처럼 나의 소득이 오를 때마다 더 좋은 환경의 거주 공간으로 이동할 수 있었다. 만약 운이 나빠 다니던 스타트업이 망해 실직했다면 어땠을까? 유니콘 기업으로 성장하지 못하고 월급이 밀리는 회사가 되었다면 어땠을까? 참고로 국내 스타트업의 3년 이상 생존율은 38%다. 확률적으로도 좋은 기업과 동료를 만나 꾸준히 성장하는 일은 단순히 개인의 노력만으로 불가능한 일이다.

이 정도로 운이 좋은 나도 초기 자본 300만 원으로 시작해 아파트 전세를 얻는 보증금까지 도달하는 데 무려 10년이 걸렸다. 만약 부모에게 5,000만 원이라는 돈을 증여받거나 가족과 함께 살면서

5,000만 원을 온전히 모을 수 있는 조건을 갖춘 사람은 자본이 없는 사회 초년생보다 10년을 앞설 수 있다. 그것도 10년 동안 꾸준히 소득이 증가한 운 좋은 청년을 기준으로 했을 경우다. 1억이 되지 않는 돈으로 삶의 공간은 20평만큼의 차이가 나고 그 공간의 차이만큼 우리의 취향에도 격차가 생긴다. 그 차이를 10년에 걸쳐 계단식으로 천천히 넓혀온 나로서는 삶의 계층화를 오랫동안 고민하는 계기가 되었다.

30대 후반인 나는 현재 취향을 누리며 안전한 거주 공간을 누리고 있다. 앞으로도 계속 유지할 수 있을까? 지난 10년처럼 향후 10년간 연봉이 계속 상승할 거라고 확신할 수 없다. 더군다나 임금 근로자 소득 관련한 통계청 데이터를 보면 40대까지 꾸준히 상승하는 평균 소득은 50대부터 줄어들기 시작한다. IT업계는 50대부터는 이른 퇴직을 고민하기 때문에 더 빠른 감소가 일어날 수 있다. 60대부터는 30대의 소득보다 적어진다. 60대부터는 모아둔 자본이 없고 결혼을 통한 자본 증식이 일어나지 않았다면 지금 누리는 것들은 나이가 들수록 거주 공간의 크기와 취향은 일정 부분 포기해야 한다. 나의 소득 구간과 나의 잠재적 자본 총량이(결혼이나 가족의 증여) 결국 내가 사는 거주 공간을 결정하고, 나의 취향을 결정하며, 나의 계급을 결정한다.

5

◆

취향 자본을 파는 서점
츠타야

도쿄에 있는 다이칸야마 츠타야를 처음 방문한 건 2016년 봄이었다. 당시 가고 싶었던 회사에 이직하기로 결정되어 있었고 출근까지 2주의 시간이 남아 있었다. 도서관이나 서점에 다니며 자유 시간을 보내던 중 우연히 『라이프 스타일을 팔다』라는 책을 접하게 되었다. 이 표지에는 나무가 울창한 숲과 흐드러지게 핀 해바라기가 있었는데 묘하게 촌스러운 느낌이 들었다. 마치 먼 친척 어른의 메신저 프로필 사진을 보는 느낌이랄까? 하지만 표지와 전혀 어울리지 않는 세련된 제목이 마음에 들어 책을 펴보게 되었다. 그게 내가 츠타야에 관심을 두게 된 계기가 되었다.

『라이프스타일을 팔다』는 한 권의 기획서다. 일본에서 큰 서점

체인을 운영하는 회사가 도쿄의 어느 부촌에 대형 서점을 기획하여
세우고, 그 서점을 중심으로 사람들에게 라이프 스타일을 사고파는
컬처타운을 만들어 내는 과정이 담겨 있었다. 나는 어렸을 적부터

커다란 서점을 운영하는 걸 꿈꾸어 왔다. 내가 머릿속으로 그려왔던 서점은 커피, 음악, 영화, 책 등이 어우러질 수 있는 문화 공간이었다. 누구나 자유롭게 방문해 문화 활동을 하고 자신의 취향을 발견하는 넓은 범위의 서점이 되었으면 했다. 이렇게 멋진 서점을 운영하는 일을 단지 꿈으로만 남겨 둔 이유가 있다. 현실적으로 수익성이 좋은 사업이 되기 어렵다고 생각했기 때문이다. 그런데 내가 상상한 그 꿈의 서점이 일본에 이미 존재하고 있었다. 나는 이 책을 읽자마자 츠타야에 가기로 했다.

다이칸야마 츠타야

2011년, 도쿄 다이칸야마의 4,000평이라는 광대한 부지에 '다이칸야마 츠타야점'을 주축으로 하이엔드 브랜드들의 매장과 고급 레스토랑이 어우러진 라이프 스타일 상업 시설 '다이칸야마 T·SITE'가 오픈했다. 이곳의 신조는 서점이 창조하는 거리이며 츠타야 서점을 중심으로 다양한 브랜드의 상점과 독립 아티스트의 편집실이 모여 있다. 나는 도쿄에 도착하자마자 바로 츠타야를 찾아갔다. 역에서 가까이 있지 않아서 지하철에서 내려 한참을 걸어야 했다. 다이칸야마 지역은 도로와 인도가 깨끗이 정비되어 있었고 길마다 잘 정돈된 고급 주택들이 즐비한 부촌이었다. 간간이 강아지와 산책하거나 러

닝을 하는 주민들이 보였고 멋져 보이는 차림의 젊은이들이 여유롭게 쇼핑을 하고 있었다. 마치 서울의 용산구 한남동에 가까운 느낌이었다.

20분쯤 동네 구경을 하다 보니 어느새 츠타야에 도착했다. 통유리 너머로 뿜어져 나오는 잔잔한 주홍색 불빛은 아늑해 보였고, 슬쩍 비치는 안의 모습은 기대감을 더욱 높였다. 츠타야는 예상대로 커다란 구역이었다. 여러 동의 건물이 작은 길로 이어져 있었고 여기저기 예쁜 정원이 꾸며져 있었다. 츠타야는 대형 쇼핑몰처럼 현란한 네온을 뿜으며 동네를 어지럽히지 않았다. 마치 이 동네에 항상 있었던 것처럼 자연스러운 느낌을 주는 따뜻하고 세련된 마을회관 느낌이었다. 츠타야는 경관을 해치지 않고 주변을 돋보이게 하는 장소였다.

좋은 상품 옆에 좋은 이야기를 두는 진열

주 출입구 앞에 있는 스타벅스 매장을 지나 서점으로 진입했을 때 가장 먼저 나를 반기는 카테고리는 라이프 스타일 코너였다. 취미, 식음료, 자기 계발 등 생활 밀착형 주제의 도서들이 진열되어 있는데 조금 특이한 점을 발견할 수 있었다. 코너마다 상품이 보기 좋게 진열되어 있고 상품 근처에 그 상품과 연관된 책들이 함께 노출되어 있었다. 이러한 형태의 진열은 난생처음 겪어봤다. 요리책 앞에는 다양한 도시락 통과 식자재가 놓여 있고, 맥주를 소재로 한 책 앞에는 독특하고 고풍스러운 병맥주가 함께 판매되고 있었다. 이런 상품들은 책이라는 든든한 지원군을 내세우며 고객들에게 자신의 존재감을 뽐내고 있었다. 상품이 필요해서 산다기보다 필요한 이유를 만들어서 사고 싶다는 느낌이 들게 하는 제안이었다.

라이프 스타일을 제안하는 츠타야의 핵심, 컨시어지

다양한 테마의 라이프 스타일 카테고리를 지나면 하이앤드 퀄리티의 취미 카테고리가 등장한다. 1층 서점 근처 만년필 매장의 벽면은 유리로 되어있고 숫자를 헤아리기 어려울 정도로 많은 만년필과 볼펜이 진열되어 있었다. 중절모를 쓴 중년 남자가 가져온 만년필을 단정한 차림을 한 청년이 이리저리 뜯어보고 있었다. 그는 츠타야가 자랑하는 지적 자본인 '컨시어지'♦일 것이다.

컨시어지라는 호칭을 부여받은 이들은 담당하는 상품의 구성부터 판매까지 독자적인 권한을 갖는 담당 분야의 마스터다. 그들은

♦　Concierge: 고객의 요구를 들어주는 전문인력이다. 주로 호텔 등에서 담당 고객에게 적합한 고급 서비스를 제공하는 매니저를 뜻한다.

판매원처럼 상품을 권하지 않는다. 처음 만년필을 시작한다면 어떤 브랜드가 좋을지, 펜촉이 가는 게 좋을지 굵은 게 좋을지 등 필요한 고객에게 필요한 정보를 제공하며 해당 취미로 진입하는 고객들을 돕는다. '컨시어지'가 고객을 대하는 태도는 상냥하고 따뜻했다. 각 분야의 전문가에게 오직 나만을 위한 컨설팅을 받는 것은 생각보다 멋진 경험이라는 생각이 들었다. 이들은 최고의 물건을 소개할 수 있는 사람들로, 아주 오래된 상품 중에서 좋은 것을 찾아 추천할 수도 있고 신상품 중에서도 오랫동안 사랑받을 수 있는 상품을 추천할 수도 있다. 조예가 깊고 안목이 좋은 컨시어지의 세심한 조언이야말로 특별한 서비스다. 이들은 고객에게 라이프 스타일을 제안하는 츠타야의 핵심적 역할을 한다.

'휴먼 스케일'에서 나오는 고객의 행복

우리의 평범한 주말을 생각해 보자. 느지막하게 일어나 점심 같은 아침을 먹고 무얼 할지 고민하다가 아울렛, 백화점 등 대형 쇼핑몰을 떠올린다. 결국 쇼핑이라는 엔터테인먼트를 즐기기 위해 상업 시설을 방문한다. 하지만 대부분의 상업 시설은 정서적으로 낙후되어 있다. 답답하고 어두운 지하 주차장에 차를 세우고 상업 시설에 들어가면 상점들이 빼곡하게 나열되어 있다. 가지각색의 홍보물과 매장 직원의 열성적인 판촉 활동을 접하다 보면 금방 지쳐 버린다. 편하게 앉아서 휴식할 수 있는 공간, 여유롭게 식사를 즐길 수 있는 공간, 아름다운 조경으로 설렘이 있는 공간은 찾아볼 수 없다. 공간에 대한 투자는 효율이라는 이름 아래에 모두 무시 되었기 때문이다. 고객의 행복이 아닌 고객의 소비만을 목표로 삼은 쇼핑몰은 안락하지 않다.

하지만 츠타야는 말한다. "고객의 가치를 높이는 일이 곧 비즈니스다." 츠타야는 인간 중심의 설계로 되어 있다. 하늘이 보이도록 설계한 주차장에서부터 매장을 비롯한 모든 편의 시설을 매출 중심이 아닌 고객 중심으로 기획한다. 이러한 휴먼 스케일◆이 녹아든 츠타야는 사람이 돋보이는 곳이다. 상품의 화려한 겉모습보다 그 상품을 접하는 고객의 모습에서 아름다운 장면이 연출된다. 이곳을 찾는 고객은 그 스스로 공간과 어우러져 다른 고객에게 풍경이 된다는 느낌을 받았다. 휴먼 스케일은 기술적 효율과는 반대되는 말이다. 사람이 행복을 느끼는 환경을 제공하는 것은 상업적으로 비효율이다. 그러나 츠타야는 특색 있는 오프라인 매장이 되어 강력한 브랜드로 인식되려면 상품이 아니라 오히려 사람에게 집중해야 한다는 것을 알고 있는 것 같았다. 또한 앞서 언급한 좋은 구성의 진열과 컨시어지

◆　Human scale: 건축용어로 인간의 체격을 기준으로 한 척도를 말한다. 용어의 활용이 넓어지며 인간의 행동, 자세, 감각 등 인간을 중심으로 설계하는 다양한 산업에서 이 단어를 사용하고 있다.

서비스와 같은 츠타야의 장점은 이러한 휴먼 스케일을 통해 극대화 된다.

"사람의 행복은 필시 효율의 정반대 방향에 있습니다."

츠타야의 대표 마츠다 무네아키의 말이다. 효율적이지 않은 츠타야의 배려가 기억에 남는다. 츠타야를 방문하고 난 후 다른 브랜드나 공간들도 내 돈을 가져갈 때 조금 더 예의를 갖추었으면 좋겠다는 생각을 하게 되었다. 네온사인을 반짝이며 시선을 훔치고 각종 옵션으로 계산을 복잡하게 만들어 정신이 혼미한 틈을 타 어떻게 하면 고객의 돈을 획득할 수 있을지만 고민하는 방식은 그만 접어 주기를 바란다.

'효율적인 삶은 과연 행복한 삶인가?' 다년간 IT 회사에 다니며 느껴왔던 나의 오래된 질문이다. 회사는 모든 것을 효율화시키는 곳이다. 효율성을 극대화하기 위해서 수단과 방법을 가리지 않으며, 이를 서로에 대한 평가의 잣대로 삼는다. 현대의 많은 사람이 점점 회사를 어려워하며 독립적인 노마드를 선택하는 이유는 효율화의 비인간성에 있다고 생각한다. 우리는 일상에서 결핍된 휴먼 스케일을 느끼기 위해 이곳저곳을 방문하고 방황한다. 인간다움은 효율에 있는 것이 아니라 아름다움을 위해 기꺼이 비효율을 감수하는 인간성에 있는 게 아닐까?

다이칸야마 츠타야를 다녀온 지 벌써 수년이 지났다. 여행을 다녀온 그해 경기도 하남시에는 복합 쇼핑몰 중 최대 규모인 스타필드가 개관하였다. 그다음 해에는 코엑스에 별마당 라이브러리가 오픈했고 지금은 더현대 서울이 다양한 취향을 받아들인 문화 백화점으로 인기를 얻고 있다. 그리고 전국 곳곳에 프리미엄 아울렛이 생기고 있다. 이들은 대부분 현대적인 디자인과 예술적인 조형물을 두어 미관을 향상했고 시설 안에 미술관이나 북카페 등을 도입하는 노력을 보인다. 국내도 이미 상품 중심의 커머스에서 콘텐츠 중심의 커머스로 빠르게 이동하고 있다는 것을 느낄 수 있다. 단순히 상품을 파는 것뿐 아니라 상품 속에 담긴 콘텐츠를 전파하려는 브랜드들이 늘어나고 있다. 콘텐츠는 소비자의 취향을 꾸며주는 일종의 문화 자본이고 브랜드가 추구하는 상징을 만들어 주기 때문이다. 자신들의 상품이 고객 삶의 양식을 어떻게 개선해 줄 수 있을지 선명하게 제안하는 브랜드가 앞으로도 계속 주목받을 것으로 보인다.

사람은 콘텐츠를 통해 브랜드가 된다. 브랜드는 사람들이 모여 있는 가문이다. 그 가문은 곧 당신의 취향이 된다.

츠타야TSUTAYA는? 츠타야는 일본의 라이프 스타일 브랜드로, 서적과 음반 그리고 비디오를 빌려주는 렌탈샵으로 시작하였다. 1983년 츠타야 1호점을 오픈하였는데 좋은 반응을 얻어 체인을 급속히 확장해 나갔다. 츠타야의 대표인 마츠다 무네아키는 1985년 라이프 스타일 기획사 CCCCulture Convenience Club라는 지주 회사를 만들어 츠타야를 CCC의 계열사로 편입하였다. 그가 CCC라는 회사를 새로 만든 이유가 있다. 앞으로는 상품이 가지고 있는 용도 본연의 역할뿐만 아니라 상품 소유자의 라이프 스타일과 가치관을 드러내는 문화로 진화하리란 걸 예감했기 때문이다. CCC는 츠타야의 수많은 지점을 연결하여 핵심 가치를 제공하는 역할을 한다. 그뿐만 아니라 츠타야 엔터테인먼트, 츠타야 회원의 데이터베이스를 연계한 T멤버십, 문화 공간 컨설팅 등 다양한 사업을 하고 있다. 츠타야는 1,000개 이상의 매장과 약 2조 원의 매출을 내는 거대 기업이다. 최근에는 창업 초기의 모델인 오프라인 렌탈샵 형태의 소규모 츠타야 매장은 철수하면서 다이칸야마 츠타야와 같은 거대 복합 문화 공간을 잇달아 론칭하고 온라인몰을 강화하는 등 새로운 시대에 적합한 체질로 변화하고 있다. 다이칸야마 츠타야는 복합 문화 공간으로 가장 먼저 기획된 대규모 프로젝트였다. 독립한 소규모 창작자와 '프리미어 에이지'◆를 타겟으로 만들어 크게 흥행하였고 지역의 랜드마크가 되었다. 마츠다 무네아키는 50~65세의 프리미어 에이지를 '어른을 바꾸는 어른'이라 불렀다. 이들은 새로운 어른의 삶을 이끌어 나갈 첫 번째 세대이며 스스로의 삶을 고급스럽게 꾸미기 위한 새로운 소비 세대다.

◆　Premier Age: 일본의 '단카이 세대', 한국으로 따지면 '베이비 붐 세대'를 뜻한다. 좁게는 50대에서 넓게는 60대 후반의 연령층을 포함한다. 인구 분포에서 가장 큰 비중을 차지한다. 곧 은퇴할 나이이기 때문에 시간적 여유가 있고 급속 성장한 산업 사회를 살아왔기 때문에 상대적으로 부를 쌓은 편이다.

3장

취향 계급

1

◆

너에게는 취향
나에게는 폭력

"취향은 구분하고 싶어 하는 사람을 구분한다."

"이번에 정말 싸게 나왔어요. 서울 어디 가서 이 가격에 구하기 힘들어요."

"원래 보여주지도 않고 계약 먼저 하는 물건인데 신혼부부 같아서 특별히 보여드려요."

결혼을 앞두고 생애 첫 아파트 입주를 위해 여기저기 현장 방문을 다녔다. 신축 아파트 전세를 찾고 있었는데 선뜻 집을 보여주겠다는 중개사를 찾기 어려웠다. 집값이 천정부지로 솟아오른 혼란의 시기, 아파트를 보여주는 수고를 하지 않아도 평면도만 보고 계약하는 시기였다. 몇 번의 거절 끝에 아파트 내부를 보여주겠다는 곳을 찾았다. 산을 깎아 만든 자리에 들어선 고층 아파트라 오르막이 조금 있지만 거실에서 도심이 시원하게 내려다보이는 곳이었다. 구도시에는 오래된 연식의 상가와 빌라들이 즐비했다. 낮게 깔린 도시와 넓은 시야가 마음에 드는 참이었다.

"그런데 딱 하나 아쉬운 점이 있어요. 저기 앞에 내려다보이는 빌라촌 있죠. 이번에 재개발 대상에서 빠져서 당분간은 계속 남아 있을 것 같아요. 그래도 저 동네 맛집은 많아요."

부동산중개인의 빌라촌에 대한 염려는 1인 가구로 다세대 연립주택에서 오래 살아온 나에게는 사뭇 충격이었다. 부동산중개인 즉 아파트를 파는 사람들은 아파트와 빌라의 격차를 만들었다. 마치 아파트는 완성형 가족을 위한 정당한 곳이고 그 외 주거 형태는 불안전한 사람이 사는 것처럼 느끼게 했다. 이쯤 되면 저 아래 평지에 있는 다른 브랜드의 아파트를 파는 중개인의 말도 예상이 가능하다. 그는 내가 서 있는 오르막길의 아파트를 보고 이렇게 말할 것이다. "저기 보이는 아파트 높아 보이죠? 저기 오르막길 오르다 보면 2년 안에 도가니가 나가요. 아이 낳고 2년 이상 살려면 여기가 최고죠!" 누군가 내려가면 내가 올라간다. 이렇게 격차를 두고 남과 나의 삶을 구별하는 사회가 계급 사회다.

신분을 높이는 계급

계급과 신분은 서로 비슷한 뜻을 공유하고 있지만 그 의미에는 다소 차이가 있다. 중세 유럽과 조선의 왕조시대는 사람의 귀하고 천함을 구분하는 혈통과 가문이 세습되는 신분 사회였다. 신분 사회에서는 계급, 특권, 관습, 문화 등 다양한 사회적 권리가 이어진다. 반면 계급은 주로 경제적 지위와 사회적 영향력이 유사한 사람이 모인 계층을 뜻한다. 그러므로 계급은 신분의 세습과는 달리 일정 수준의 재산을 확보하면 획득할 수 있는 지위에 가깝다.

계급을 뜻하는 'Class'는 로마가 군대를 모집하는 방식에서 비롯되었다. 로마의 제 6대왕인 세르비우스 툴리우스(기원전 578년~535년)는 안정적으로 군대를 운영하기 위해 로마 시민의 경제력을 기준으로 5개의 계급을 만들었다. 재산의 총량에 따라 5개의 계급으로 나누었고 각 계급에 따라 징병에 필요한 군인 수를 할당했다. 가장 높은 계급은 1계급이었고 높은 계급일수록 더 많은 군인을 보내야 했다. 그런데 재산이 없어 5개의 계급에 속하지 못한 사람들이 있었다. 군인을 사거나 육성할 수 없는 계급 프롤레타리아다. 이들은 별수 없이 자기 아들을 군대로 보내야 했다. 각 계급이 군인을 보내는 수는 곧 나라에 이바지하는 정도를 가늠하는 기준이 되었고 보내는 군인이 많을수록 더 많은 투표권이 주어졌다. 군인을 가장 많이 배출하는 1계급의 투표권은 1계급을 제외한 모든 계급이 가지고 있는 투표권을 합한 것보다 더 많았다. 나라의 중대사를 결정하는 일에 이들의 권한은 절대적이었다. 그리고 국가의 운영에 지대한 영향을 미치는 정치 계급이 탄생한다.

이 정치 계급은 18세기 산업혁명 시기 마르크스를 통해 두 개의 계급으로 다시 정의된다. 농작물을 재배할 수 있는 농토나 상품을 생산하는 공장 등 생산수단을 가진 자본가, 그리고 생산수단이 없어 자본가에게 자신의 노동을 직접 제공하는 노동자다. 생산수단의 유무가 자본을 형성하는 데 큰 영향을 미치기 때문에 자본가와 노동자로 가르는 단순한 기준이 형성되었다. 이는 추후 양 계급이 극한의 갈등으로 치닫는 촉매가 되었다.

로마의 계급도 마르크스의 계급도 모두 가지고 있는 부의 크기가 계급을 형성하는 조건이었다. 더 많은 부를 가질수록 더 큰 사회적 권리를 누리는 것에 정당성을 만들어줬다. 사회의 복잡도가 떨어지는 개척 시대에는 생산수단인 자본을 얻는 데 지금보다 더 많은 기회를 가질 수 있었다. 하지만 오랫동안 평화를 유지한 현대에서 다양한 방법으로 부의 세습이 교묘하게 이루어졌고 부의 계급이 곧 신분이 되었다. 자본은 단순히 계좌이체로 이동하지 않는다. 자본을 얻기 위한 학교에 다니고 자본을 얻기 위한 교양을 만들고 자본을 얻기 위한 인맥을 만들어 끝내 자본의 이동을 완성한다. 이제 계급은 단순한 부의 총량이 아니라 인간의 귀함을 나누는 신분 그 자체로 여겨지고 있다.

우리의 취향을 가두는 무덤 '피라미드 계급도'

계급의 신분화를 가장 잘 표현하는 이미지가 있다. 바로 우리가 흔히 알고 있는 피라미드 구조를 가진 계급도. 높고 뾰족한 꼭짓점부터 아래로 넓게 퍼지는 줄무늬 삼각형은 이미 다양한 계층 구조를 설명하는 데 사용되고 있다. 이 피라미드 계급도가 가장 잘 활용되고 있는 곳은 우리가 흔히 접하는 온라인 커뮤니티다. 자동차, 명품 시계, 대학교 심지어는 유아차까지 모든 상품과 브랜드에 서열을 매기는 작업이 진행되고 있다. 계급도는 대체로 계층별 상품의 가격을 개인의 연봉이 감당 가능한지를 중요한 지표로 본다. 이와 같은 계급도가 만들어진 배경에는 몇 가지 이유가 있다.

대량생산이 가능한 산업화 시대 이후부터는 상품을 소유하는 것만으로는 더 이상 구별될 수 없다. 더 높은 계급을 나타내기 위해서는 더 높은 가치를 부여한 상품이 필요하다. 또 다른 이유는 다양한 계층의 사람들이 하나의 세계인 인터넷에 모여 단 하나 기준을 만든 것이다. 과거에는 자신의 주변 사람들보다 조금 더 나아 보이는 상품을 골라도 구별될 수 있었다. 동원할 수 있는 정보가 자기 가족과 지인을 통해 얻은 것이 전부였기 때문이다. 하지만 인터넷을 통해 사람들은 동일한 정보를 공유할 수 있게 되었다. 다양한 소비 계층의 대중이 집단지성으로 그럴듯한 하나의 기준을 만들어 낸다. 이렇게 만들어진 상품의 계급도는 곧 사람의 계급을 나누는 기준이 되어가고 있다.

세분된 계급의 장점

우리는 누구나 구별되고 싶어 하는 욕망을 가지고 있다. 단순히 남과 다른 것에 만족한다면 다행이지만 자본주의 사회에서는 잘살고 있다는 지표가 곧 계급이고 힘이다. 권력을 갖기 위해 스스로 부의 기준을 만들고 재생산한다. 계급의 기준이 단 하나인 사회는 위태롭다. 하나의 기준을 충족하지 못한 모두는 부정당해야 한다. 마르크스처럼 단순히 생산수단의 소유를 기준으로 자본가와 노동자를 나누고 절대다수인 노동자를 자극한다면 선동과 혼란이 야기될 수 있다.

하지만 다양한 소득분위에 따라 세분된 계층으로 나누고 누구나 하향 비교할 수 있는 비교 계층을 만들어 준다면 어떨까? 하향 비교는 나보다 어려운 상황에 있는 계층과 현재 나의 위치를 대조하는 것이다. 하향 비교를 통해 자신의 계급이 비교적 안전하다고 느낄 수 있다면 하향 비교는 최고의 치료제다. 이처럼 자신의 계급을 확인하고 타인의 계급을 알 수 있도록 하는 랭킹 시스템이 사회에서 갈등을 줄이고 서로 경쟁하고 발전하는 데 효과적이라는 사실은 무시할 수 없다. 문제는 온라인에서 만들어진 엉터리 계급도가 점점 당위성을 갖고 개인의 취향을 침범하고 있는 현실이다. 온라인 계급도는 사회와 개인의 안정을 위해 합리적으로 만들어진 모델이 아니다. 더 위로 올라가고 싶어 하는 인간의 욕망을 반영한 어설픈 이미지에 불과하다.

'상징 폭력'은 어떻게 만들어지는가

상품의 계급도는 상대적으로 복잡한 조건의 집합체다. 상품의 가격, 품질, 희소성, 브랜드 인지도 등 다양한 정보가 반영된다. 문제는 이 조건 중 가격을 제외한 나머지 요소는 객관적인 비교가 불가능한 무형의 요소에 가까워 데이터를 근거로 순위를 정할 수 없다는 것이다.

여기에서 순위가 결정되는 가장 큰 요소는 '아우라'다. 아우라는 무형의 자본으로 해당 사람들이 사회적으로 보이고 싶어 하는 계급의 이미지에 해당한다. 이 아우라는 자동차 소비자들이 흔히 쓰는 '하차감'이라는 신조어와 유사하다. 하차감은 차에서 내릴 때 타인의 시선을 통해 만족감을 느끼는 것을 말한다. 부르디외는 이 하차감과 같은 표현을 계급별로 삶의 아름다움을 뽐내는 '아우라'라고 말한다. 상품이 가지는 아우라는 계급의 상징 효과를 가져온다. 위 요소들이 어느 정도의 하차감을 만들어 내느냐가 가격을 형성하는 기준이 된다. 그리고 그 가격은 곧 해당 상품을 소비하는 계급의 소득과 연결된다.

계급도라는 이미지는 결국 인간의 상상력을 바탕으로 만들어진 주관적인 순위에 불과하지만 가격과 소득의 연계 그리고 대중의 인식이 상상의 계급도에 당위성을 만들고 힘을 불어넣었다. 나 또한 생의 첫 차를 구매하는 모든 과정에서도 끊임없이 자동차 계급도의 영향을 받았다. 소득이 뻔히 드러나는 계급의 상품은 피하고 싶었다. 가능하다면 나의 계급에 속하지 않는 차를 선택함으로 계급도를 역행하고 싶은 마음도 있었다. 하지만 현재의 만족과 대출금을 갚지 못할 미래의 위험을 고민한 나는 결국 자동차 계급도에서 크게 벗어나지 않는 차를 선택하게 되었다.

우리가 무엇인가를 선택할 때 나의 취향이 아닌 사회가 요구하는 취향의 범위에 갇혀 스스로 선택을 정당화하는 것, 이 현상을 부르디외는 지배 계층에 대한 피지배 계층의 자발적인 복종을 뜻하는 현대 계급사회 내의 '상징 폭력'이라고 부른다.

타인의 시선

지금 이 시간에도 편향과 고정관념이 가득한 순위 매기기 게임은 계속되고 있다. 누군가 만들어 놓은 계급도의 중간에서 탈락하지 않기 위해 발버둥 치는 삶은 아름다운가?

계급에서 이탈하지 않기 위해 발버둥 치는 현상은 청소년 사회에서도 쉽게 찾아볼 수 있다. 100만 원이 넘는 특정 브랜드의 스마트폰이나 80만 원 정도 하는 고급 패딩은 청소년 사회에서 계급이다. 그들 문화에서 특정 브랜드는 자신들과 하나의 계급으로 묶이기 위한 일종의 입장권과 같다. 어느 집단에 속하기 위해 개인이 무리해서라도 주변 계급과의 동조화를 선택하는 것은 안정감을 얻기 위한 자연스러운 욕망이다. 문제는 어떠한 계급에 속하기 위한 노력이 오히려 자신에게 행하는 폭력일 수 있다는 것이다. 계급은 소득에 비례하지 소비에 비례하지 않는다. 지속적인 소비와 인정으로 특정 계급에 속하려고만 한다면 그 조화는 결국 무너질 가능성이 크다.

장 폴 사르트르의 작품 『닫힌 방』에서 '타인은 지옥'이라는 대사가 나온다. "타인의 시선에서 자유롭지 못하기 때문에 우리 스스로 폭력을 당한다." 계층 간 사회 비교를 하지 않을 방법은 없다. 헨리 데이비드 소로처럼 극단적으로 숲에 들어가 혼자 개간지를 개척하여 오두막을 짓고 살지 않는 한 우리는 계속 누군가를 곁눈질해야 한다. 우리가 할 수 있는 것은 각자의 생존에 어울리는 비교를 선택하는 것이다.

올라갈수록 좁아지는 피라미드 구조의 계급도가 단순히 나의 취향을 가두기 때문에 무서운 건 아니다. 꼭대기를 향할수록 좁아지는 공간만큼 주변의 사람들을 밀쳐서 강등시키는 구조가 우리의 관계를 메마르게 한다. 이는 한정된 자리를 유지하기 위해 가진 것 이상의 허영을 부리며 누군가를 밀어내야 하고 더 큰 허영으로 그 자리를 지켜내는 것은 고통스러운 과정이다. '취향'을 달성해야 하는 계급 상승의 목표가 아니라 나의 삶을 충만하게 해주는 문화로 받아들이는 연습이 필요하다.

2

◆

선물이 주는
관계의 명암

20대 초반에 유럽 배낭여행을 준비할 때 주변 지인의 도움을 많이 받았다. 가난한 대학생 시절이라 반년 정도 아르바이트를 해서 돈을 모았지만 여전히 자금이 부족했다. 추운 겨울에 떠나는 여행이었기에 지인들로부터 다양한 방한용품과 여행경비를 지원받았다. 그중에 가장 고맙고 기억에 남는 두 명이 있다. 여행을 떠나기 전까지 아르바이트했던 곳의 사장님과 매형이다. 두 사람의 선물이 기억에 남는 이유는 그들의 선물이 유난히 정성스러워서가 아니다. 15년이 지난 지금도 기억할 정도로 선물의 금액이 높았기 때문이다. 사장님은 여행경비에 보태라며 내게 30만 원을 주셨고, 매형은 당시 30만원 상당의 노스페이스 패딩을 사줬다. 아르바이트 소득밖에 없었던 나에게 30만 원 크기의 감동은 쉽게 잊히지 않는 호의였다.

여행경비로 400만 원을 가지고 갔는데 그중 100만 원을 선물 사는 데 썼다. 배낭여행 준비를 도와준 사람이 많아 수첩에 명단을 적었더니 15명 남짓 선물 명단이 꾸려졌다. 이들에게 받은 호의를 생각하니 도저히 빈손으로 올 수가 없었다. 특히 가장 기여를 많이 한 두 사람을 위한 선물은 여행 내내 고민을 했고 결국 마지막 여행지인 이탈리아에서 선물을 구매했다. 주변 지인에게 줄 선물은 가격 부담이 덜한 여행지의 특산품을 미리 사 두고 나중에 한국에 돌아가서 나누었다. 사장님과 매형의 선물은 각각의 취향을 고려한 더 비싸고 보기 좋은 선물을 준비했다. 여행에서 마련한 선물에는 200유로 시계, 150유로 수제 서류 가방, 100유로 유리 세공품, 10유로 초콜릿, 1유로 에펠탑 키링 등이 있었다. 이 선물들은 각각 나의 여행에 기여한 금액순으로 지인들에게 전달되었다. 선물을 받은 사람은 대체로 받은 만큼의 호의를 상대에게 돌려주기 위해 노력하기 마련이다.

노스페이스 패딩을 사준 매형의 호의는 여기서 끝나지 않았다. 꼭 이사를 가고 싶은 집이 있었는데 보증금이 약간 부족해 계약할 수 있는 상황이 아니었다. 그때 매형이 부족한 금액을 보태주어 무사히 계약을 마칠 수 있었다. 나에게 매형의 호의는 단순한 호의가 아니라 주거와 삶을 안정시키는 한 줄기 빛이었다. 집을 무사히 얻은 후로는 어떻게 하면 매형에게 보답할 수 있을지 문득문득 떠올린다. 아마도 매형이 몰래 비상금을 맡아 달라고 부탁해도 들어줄 것이다. 매형의 자본이 나의 자본 일부를 형성한 순간, 나와 매형은 단순한 가족관계에서 사회적 관계 자본으로 결속된 것이다.

공들인 선물이 관계 자본을 형성한다

가격을 떠나 지인에게 받은 선물 중 가장 기억에 남는 선물은 만년필과 위스키다. 만년필은 평소에 존경하는 회사 동료에게 생일 선물로 받았다. 책과 글쓰기를 좋아하는 나에게 만년필은 동경하는 취미도구였다. 하지만 가격이 저렴하지 않아 쉽게 구매하지 못하고 있었다. 신뢰하는 사람이 선물한 고급스러운 만년필은 무엇이든 쓰고 싶은 마음이 들게 만들었고 결국 필사 노트를 두 권이나 썼다. 책과 글을 좋아하는 나에게 만년필이라는 고급 필기구는 글쓰기라는 나의 취향을 확장해 준 선물이다.

만년필 다음으로 좋아하는 선물은 위스키다. 1인 가구로 사는 동안에는 가볍고 저렴하게 즐길 수 있는 맥주를 주로 마셨다. 그래서 매주 금요일이면 네 캔에 만 원 하는 캔맥주 세트를 사서 주말 동안 마시는 게 전부였다. 처음 전셋집을 마련하고 이케아에서 제일 신경 써서 산 가구는 글 쓰는 작업을 할 책상과 술과 음료를 보관할 진열장이었다. 어떤 술을 두면 좋을지 몰라 이름 모를 음료로 채웠는데,

이사 간 집에 집들이 온 친구가 선물한 싱글몰트 위스키가 처음으로 그 자리를 차지했다. 편의점에서 구할 수 있는 잭다니엘과 조니워커는 마셔봤지만 10년 숙성된 싱글몰트 위스키는 처음이었다. 고급스럽게 올라오는 향긋함과 벌컥벌컥 마시지 않아도 충분히 즐거운 높은 도수의 술은 마치 발전한 나에게 주는 보상과 같았다. 친구의 선물 덕분에 나는 위스키를 취향으로 삼을 수 있었다.

만년필과 위스키를 특별히 기억하는 이유는 지난 유럽 여행의 선물처럼 가격이 비싼 선물이어서가 아니다. 나를 더 소중한 사람으로 느끼게 해주었고 나의 취향을 확장해 준 선물이었기 때문이다. 그때 이후로 나는 두 사람에게 기념할 일이 생기면 꼭 의미 있는 선물을 챙기려고 노력한다. 선물은 받는 사람에게는 소중한 기억과 더불어 선물을 준 사람에 대한 책임감을 심어준다. 똑같은 크기의 호의를 돌려주지는 못해도 우리는 선물을 준 사람에게 비슷한 감동의 크기만큼 호의를 돌려주고 싶어 한다.

호의는 이처럼 크게 두 종류로 나눌 수 있다. 정성을 담은 선물과 대가 없는 현금이다. 선물은 상품의 금전적인 가치와 더불어 받는 사람의 취향과 상황을 고려해야 하므로 선물을 준비하는 일은 실로 어려운 일이다. 현금으로 호의를 표현하는 것은 가장 쉬운 일이지만 금액에 따라 그 의미와 무게는 천차만별이라 받는 사람의 사정을 잘 고려해야 한다. 호의의 전달에는 애정이 필요하다. 선물과 현금은 호의가 전달되는 방식은 달라도 하나의 목적에 수렴한다. 선물을 받는 사람의 감동이다. 우리는 왜 감동을 주고 싶어 할까? 선물을 받는 사람과 좋은 관계를 유지하고 싶기 때문이다. 그 사람이 날 기억하고 날 더 중요한 사람으로 받아들이길 바랄 때 우리는 호의를 전한다.

선물이라는 경제 자본이 나를 지배하는 과정

부르디외는 특정 사회를 연구하면서 선물을 주는 행위가 선물을 받는 사람으로부터 자연스러운 복종을 끌어내는 상징 권력을 획득하는 과정을 확인했다. 개인이 자신의 경제 자본을 감소시켜 자신이 원하는 사람과 관계를 돈독히 하는 과정은 경제 자본을 관계에 투자하여 사회 자본으로 전환 시키는 것을 뜻한다. 선물 제공자는 단순한 뿌듯함을 넘어 사회적 관계에서 우위를 점하게 된다. 이는 곧 선물을 주는 사람이 선물을 받는 사람에게 은근한 권력을 행사하는 걸 정당화한다.

예전에 편의점에서 아르바이트했을 때 친절한 사장님을 만났다. 명절이 되면 편의점에서 파는 비싼 주스 세트를 주셨고 생일날에는 특별히 현금을 보너스로 챙겨주셨다. 사장님의 인간적인 호의가 좋아 나도 성실하게 일했다. 내가 일하던 곳은 24시간 운영하는 편의점이라 나를 포함한 3명의 아르바이트생이 교대 근무를 하고 있었다. 그런데 앞뒤 타임으로 갑자기 나오지 않거나 일을 그만두는 근무자가 자주 발생했다. 그런 날이면 사장님은 내게 연장 근무나 대타 근무를 부탁하는 경우가 많았다. 물론 해당 근무에 대해 정당한 비용을 받았지만, 기존에 약속된 시간이 아니기 때문에 개인 일정을 계속 조정해야 했다. 문제는 이런 근무가 어쩌다 있는 일이 아니라 거의 모든 대타 근무를 부탁할 정도로 횟수가 빈번해졌다는 것이다. 하지만 그동안 받은 사장님의 호의가 떠올라 부탁을 차마 거절할 수 없었다. 나의 대타 근무는 결국 다른 일이 생겨 일을 그만둘 때까지 계속되었다. 편의점 사장님은 내게 편히 부탁해도 되는 관계를 형성했고 나는 더 이상 그의 호의가 미안해지지 않을 때까지 그의 부탁을 들어주게 되었다.

3,000만 원의 호의와 3,000만 원의 복종

10만 원의 보너스는 대타 근무 몇 번이면 마음의 빚을 금방 갚을 수 있는 상환 가능한 호의다. 그런데 월급 200만 원을 받는 직장인이 누군가에게 3,000만 원 상당의 스위스 명품 시계를 선물 받았다고 가정해 보자. 중형차 한 대 값인 시계를 선물 받은 당사자는 1년 치 연봉만큼의 부채 의식이 생길 수밖에 없다. 이 부채 의식은 일종의 지배, 종속, 자발적 복종을 불러일으킨다. 선물을 주는 사람이

300억대 자산가일 경우 3,000만 원의 시계는 그의 자산에서 0.1%에 해당하는 금액이다. 선물을 주는 사람에게는 큰 부담이 되지 않는 가격인데 받는 사람 처지에서는 상환 불가할 정도의 큰 호의로 받아들이게 된다. 심지어 수혜자는 선물 제공자에게 일종의 카리스마를 느낀다.

이처럼 값비싼 선물은 커다란 상징 권력을 형성한다. 이와 같은 선물의 효과가 범죄로 악용되는 사례도 흔하다. 누군가에게 명품 선물을 과시하며 자신이 재력가라고 사칭하는 사기 범죄가 만연한 이유는, 명품이 가지고 있는 신뢰 자본이 명품을 선물한 사람의 신뢰도 대신하기 때문이다. 그뿐 아니라 명품을 제공받은 사람은 이미 심리적으로 그 사람에게 종속되어 더 쉽게 믿을 수밖에 없다. 이는 어린아이에게 과자 등으로 호의를 사서 그루밍 범죄를 행하는 사람과 같다. 자신이 쉽게 가질 수 없는 것을 주는 사람들에게 우리는 복종할 가능성이 높다. 특히 상대의 제공하는 호의가 자신의 소득 대비 격차가 클수록 더욱 강력한 힘을 갖는다.

주는 사람을 위한 선물

'카카오톡 선물하기'가 온라인 선물의 패러다임을 바꾸기 전까지 선물이란 대체로 오프라인으로 주고받는 것이었다. 카카오 선물하기는 고마움을 전하고 싶은 지인에게도 선물을 편리하게 보낼 방법을 제시해 줬다. 카카오톡 선물하기의 가장 큰 장점은 선물 받는 사람이 받는 주소를 직접 입력할 수 있도록 하여 주소지를 묻는 수고를 덜었다는 것이다. 또한 선택한 상품 내에서 크기나 색상 옵션을 받는 사람이 직접 변경할 수 있도록 여지를 주어 선물을 주는 사람과 받는 사람 모두의 선택권을 존중한 방식 덕분에 상호가 만족스럽게 선물을 주고받을 길이 열렸다. 여기에 더해 지인들의 생일을 매일 상위에 노출해 선물하고 싶은 욕구를 자극했다.

카카오톡 선물하기는 지난 7년간 누적 거래액이 15조 원에 달할 정도로 성공한 비즈니스가 되었다. 나 또한 서비스 초반에 선물하기를 통해 많은 선물을 보냈다. 처음에는 고마운 지인들에게만 보냈던 선물이 점차 언젠가 내게 도움이 되어줄 인맥의 기념일까지 챙기는 것으로 확장되었다. 이렇게 내가 보낸 선물의 80%는 내 생일에 다른 선물이 되어 돌아왔다. 그런데 점점 지인의 생일마다 챙기는 선물의 비용이 부담될 정도로 커졌다. 나의 잔고는 감소하는데 관계 자본은 의미 있게 발전하지 못했고, 내게 다시 돌아오는 80%의 선물은 필요가 없는 것들로 가득했다. 기쁜 마음에서 시작한 카카오톡 선물하기가 점차 두려워지기 시작했다. 더군다나 내게서 선물을 받은 어떤 지인으로부터 부담이 될 수 있으니 축하 인사만 나누고 선물은 하지 않았으면 좋겠다는 의견을 전달받은 후에는 온라인 선물하기 기능을 조금 더 신중하게 사용하고 있다. 상대를 잘 살피지 않은 무미건조한 선물은 오직 주는 사람을 위한 선물이다.

주는 사람과 받는 사람 모두의 기쁨이 되는 선물

선물은 주고받는 상호 호혜적인 과정을 통해 상대와 나를 연결하는 것과 동시에 관계 자본을 형성하는 소중한 기회를 제공한다. 이처럼 선물은 관계를 형성하는 중요한 행위이기 때문에 나의 만족을 위해 선물을 고르기보다 받는 사람이 이 선물을 받을 때 어떤 영향을 받을지까지 같이 고려할 필요가 있다. 그런 고민을 한다면 적어도 서로에게 상처를 남기거나 권력 관계가 되는 선물은 방지할 수 있다. 누군가에게 선물을 주는 행위에 '내가 당신에게 이만큼의 영향력을 행사하고 싶습니다'라는 메시지가 포함될 수 있음을 인지한다면 우리는 서로의 관계 자본을 더 건강하게 성장시킬 수 있다.

수많은 선물에 실패했지만 나는 여전히 주변에 선물하는 것을 좋아한다. 선물을 고를 때 선물을 받는 사람의 이미지를 파악하고 그 사람과 어울리는 상품과 브랜드를 고심하여 선정한다. 나의 선물이 선물을 받는 소중한 사람이 새로운 취향을 경험할 기회가 되기 바라는 마음이다.

나는 취향이 빈곤한 시절에 지인들로부터 기억에 남는 선물을 많이 받았다. 세일러 만년필, 부쉬밀 위스키, 파타고니아 점퍼 등 이

전에는 전혀 알지 못했던 브랜드가 지금은 모두 나의 취향이 되었다. 지인들이 내게 준 선물은 단순한 상품이 아니다. 좋은 글을 쓰는 만년필, 나만의 시간을 위한 위스키, 건강한 삶을 지향하는 아웃도어 점퍼라는 의미가 담긴 브랜드의 양식을 선물했다. 내가 이들의 선물을 받고 행복했던 것만큼 나 또한 이 소중한 경험을 다시 누군가에게 전하고 싶다.

3

텔레비전이 만드는
상징 권력

드라마 〈허준〉이 방영되는 날 밤이면 나는 방문을 살짝 열고 거실에 있는 텔레비전을 몰래 훔쳐봤다. 초등학생이었던 당시의 나는 저녁 9시가 넘으면 취침해야 한다는 규칙이 있었다. 더군다나 당시 부모들은 텔레비전을 바보상자라고 부르며 아이들이 늦은 시간까지 텔레비전 보는 것을 경계했다. 때문에 저녁 9시 55분 어른의 시간에 방영하는 드라마 〈허준〉을 당당하게 볼 방법은 없었다. 몇 번이고 시도한 도둑 시청은 5화를 넘기지 못하고 끝났다. 6화가 시작되는 날 부모님은 고생하지 말고 잠이 안 오면 같이 드라마를 보자고 했다. 아마도 허준을 보며 의사의 꿈을 키우기를 바랐는지도 모른다. 그렇게 나의 스릴 넘치는 도둑 시청은 막을 내렸고 〈허준〉이 방영되는 날은 온 가족이 함께 모여 밤늦게까지 드라마를 봤다.

〈허준〉의 시청률은 65.6%로 역대 드라마 시청률 기준 4위에 해당한다. 2000년대 초반 시청률 50%를 넘기는 드라마가 종종 나왔고 그런 드라마가 방영할 때면 실제로 거리에 사람이 없을 정도로 조용했다. 가정의 큰 즐거움으로 자리 잡은 텔레비전은 특정 시간을 점유하며 TV를 시청하는 국민의 생활 습관에 영향을 끼쳤다. 금요일 저녁이면 부모님은 맥주를 마시며 주말의 명화를 보셨고 나는 일요일 아침이면 〈디즈니 만화동산〉으로 하루를 시작했다. 거실에 있는 텔레비전은 시간대별로 가족을 공략했고 하나의 커다란 문화로 자리 잡았다. 또래의 친구들은 같은 방송을 보며 성장했고 그 경험을 추억으로 간직한 사람들은 서로 동질감을 느꼈다. 텔레비전은 그 어떤 미디어보다도 각 세대를 하나로 탁월하게 묶었다.

물론 텔레비전이 개인 방송 플랫폼 유튜브의 약진으로 50%의 시청률이 나오던 20년 전보다는 다소 약해진 것은 사실이다. 하지만 텔레비전은 몇 가지 이유로 여전히 막강한 영향력을 가지고 있다. 텔레비전의 가장 큰 힘은 강력한 신뢰 검증 시스템에서 나온다. 방송사의 전문인력이 검증할 뿐 아니라 송출되는 순간 다수의 개인이 검증하고 끝으로 언론이 검증한다. 하지만 개인 방송은 텔레비전 프로그램보다 신뢰가 떨어진다. 별도의 검증 시스템이 없어 개인 진행자 도덕성과 실력에 기댈 수밖에 없다. 또한 텔레비전은 오랫동안 일군 방송산업이 플랫폼 역할을 하며 완성도 높은 콘텐츠가 제작될 수 있는 환경이 조성되어 있다. 마지막으로 대한민국 텔레비전 보유율은 95%, 텔레비전 하루 평균 사용 시간은 약 3시간으로 텔레비전은 여전히 대중에게 사랑받는 미디어로서 자리 잡고 있다.

부르디외, 텔레비전을 비판하다

부르디외는 1990년대 중반 한 방송국의 초대로 텔레비전 토론 방송에 참여했다. 정부 정책에 대해 논의하는 시사 프로그램의 토론자로 참여해 달라는 요청이었다. 부르디외는 자신의 견해를 밝히려고 했지만, 함께 참여한 방송 관계자들이 끼어들어 번번이 부르디외의 입을 막았다. 그들이 필요한 것은 부르디외라는 유명한 석학이 참여했다는 상징이었고 그의 진중한 의견 따위는 애초부터 필요하지 않았다. 부르디외는 자신들이 취하고 싶은 상징만 취하고 출연자를 시청률의 먹잇감으로 희생시키는 텔레비전의 행패를 비판했다. 그는 자신이 당한 폭력에 대해 단순히 분노하기보다 텔레비전 권력 구조를 해부하고 텔레비전 산업의 작동하는 메커니즘을 탐구했다. 그렇게 해서 나온 책이 『텔레비전에 대하여』다. 그는 얇지만 가볍지 않은 이 책을 통해 대중이 텔레비전을 더 객관적으로 인식하고 비판하기를 바랐다. 지금부터 부르디외가 비판한 텔레비전에 대해 알아보자.

이제부터 등장할 '텔레비전'이라는 용어는 『텔레비전에 대하여』

에서 서술하는 방식에 따라 단순히 콘텐츠를 전달하는 매체로서의 의미뿐 아니라 언론과 방송, IT 플랫폼의 개인 미디어를 포함해 미디어 환경 전반을 포괄하는 의미로 쓰인다는 것을 먼저 밝힌다.

개인을 비난하는 것은 의미가 없다

가짜뉴스와 자극적인 소재의 리얼리티 쇼, 사회적으로 민감한 주제를 성의 없이 다룬 프로그램에 시청자들은 분노한다. 그럴 때마다 우리는 제작자를 욕하거나 해당 기사를 작성한 기자를 힐난한다. 부르디외는 기자나 PD 등 텔레비전 산업에 속한 개개인을 욕하는 것으로는 아무것도 변화시킬 수 없다고 한다. 이것은 구조의 문제이기 때문이다. 사실 확인이 되지 않은 자극적인 내용을 단독이나 속보로 먼저 띄우는 이유는 트래픽 즉 시청률 때문이다. 이 시청률이 텔레비전 광고의 단가를 결정한다. 광고의 단가는 곧 방송사의 경영에 지대한 영향을 미친다. 결국 이 구조에서는 부조리한 일탈이 발생할 수밖에 없다. 자극적인 뉴스와 사회적으로 비난받는 파격적인 기획은 단순히 개인의 명성뿐 아니라 방송사의 위기도 구해낼 수 있기 때문이다. 이는 곧 방송사에 속한 개인의 일탈을 눈감는 방송산업의 일탈로 이어진다.

부르디외는 이를 해결하기 위해서는 이 부조리한 구조를 모든 구성원이 인식해야 하고 그들이 오직 시청률을 위해 잘못된 정보를 활용하지 않도록 참여해야 한다고 말했다. 우리는 종종 매스컴에 크게 보도된 중범죄자의 판결을 보고 왜 더 높은 형량을 주지 않느냐고 비판한다. 높은 형량은 경각심을 주는 효과는 있어도 근본적인 문제를 해결하지 않는다. 사회 여건에 따른 합당한 처벌도 중요하지만 그보다 앞서 범죄가 발생한 구조적인 문제를 해결해야 한다.

텔레비전의 메커니즘이 공론화되어 더 나은 시스템에 대해 논의하는 자리가 만들어진다면 오히려 방송 제작자와 기자들은 해방의 실마리를 찾을 수 있다. 예를 들어 모든 종편을 비롯한 언론사가 경제 자본의 논리에만 휘둘리지 않도록 국가 소속의 공공기관과 지분을 희석하는 것도 방법이다. 또한 프로그램의 성패를 좌지우지하는 시청률만 발표하지 말고 전문가 집단의 미디어 비평 지수를 함께 발표하는 것이다. 구조를 변화시키는 노력이 없다면 개인의 변화도 없다.

상징을 만들어 내는 텔레비전

전 국민을 대상으로 미디어를 송출할 수 있는 권력을 가진 텔레비전은 이데올로기, 즉 한 사회의 관념을 만든다. 텔레비전에서 비친 모든 이미지는 신호가 되어 사회구성원의 기준이 된다. 그러므로 텔레비전을 통해 만들어지는 대중문화는 우리의 현실 사회를 비추기보다는 소비되기를 원하는 상품들의 사회를 극대화해서 보여준다. 재벌과의 로맨스, 고가 아파트에서의 육아 등 시청자가 소비하고 싶은 판타지를 충족하는 프로그램은 시청률을 높이지만 실제의 연애와 육아를 가린다. 그뿐만 아니라 이 멋진 상징은 하나의 상품이 되어 현실에서 불티나게 팔린다. 육아 프로그램에서 아이가 입고 나온 아동복은 며칠이면 백화점의 상품이 동이 난다. 재판받으러 나온 재벌가의 패션도 다음 날이면 품절이다. 이렇듯 다수의 대중에게 공통의 이미지를 전달하는 텔레비전의 파급력은 노출만으로도 상징을 탄생시키는 힘을 갖고 있다. 텔레비전이 만들어 내는 상징은 너무나 쉽게 우리의 관념을 파고든다.

텔레비전의 강력한 상징 효과는 시청자의 취향이 평평하게 만드는 데 영향을 미친다. 모두가 같은 상품을 원하고 모두가 같은 조건을 지향하는 것은 위험하다. 우리가 가지고 있는 고유한 개인성을 스스로 무시하는 일이고, 손쉽게 나 자신과 타인에게 폭력을 행사할 수 있는 조건이 되기 때문이다. 상징 폭력의 무서운 점은 바로 우리가 폭력을 당하고 또 폭력을 행하고 있다는 것을 의식하기 어려운 구조로 되어있다는 점이다.

이뿐만 아니다. 텔레비전은 상징이라는 무기를 들고 분야를 막론한 다양한 장에 영향을 끼친다. 음악, 미술, 영화, 드라마, 스포츠 등 해당 장에서 참여한 사람이 텔레비전에 소개되거나 출연하게 되면 그들은 그들이 속한 장에서 힘을 얻을 수 있다. 그러므로 텔레비전이 상업적 논리에 지배되는 순간 다른 장들의 위계도 동시에 상업적 논리에 지배되는 것을 피하기 어렵다.

텔레비전 상징의 은혜를 받는 출연자들

텔레비전에서의 반복적인 노출을 통해 평범한 일반인도 손쉽게 전문가로 꾸며지곤 한다. 텔레비전 상징의 힘을 보여주는 대표적인 예로는 노래 경연 프로그램이 있다. 전국 각지에서 노래를 잘하는 일반인들이 경연을 치르며 시작되는 경연 프로그램은 일반인이 스타가 되어가는 과정을 보여준다. 프로그램은 이들의 노래 경연뿐 아니라 가족과 만남 스승의 지도 과정을 포함해 출연자의 서사를 쌓아준다. 결국 오디션의 승자가 되는 사람은 이미 데뷔한 지 오래인 가수보다 더 큰 관심과 사랑을 받는다. 오디션 프로그램은 텔레비전이 부여하는 상징의 힘을 보여주는 전형적인 프로그램이다.

텔레비전의 은혜는 시사 정치 프로그램에서 확연하게 알 수 있다. 4년에 한 번 국회의원을 뽑는 총선 시기만 다가오면 너무나 자연스럽게 시사 프로그램에 출연했던 교수, 변호사, 아나운서가 대거 출마를 선언한다. 어떤 지역의 후보로도 거론되지 않았던 사람들, 어떤 지역의 대표가 되고 싶다고 언급한 적이 없는 사람들이 갑자기한 지역의 대표가 되어 나타나는 것에 대해 진정성을 의심할 수밖에 없다. 텔레비전 전문가들은 텔레비전을 통해 인지도라는 자본을 얻고 자신의 전문 분야의 자본을 더해 정치의 영역으로 확장하는 것이다. 국민에게 정치로 봉사하겠다는 진정성, 국가의 시스템을 개선할 만한 실력은 텔레비전을 통해 검증하기는 매우 어렵다. 미디어를 통해 얼굴을 비추며 쌓아온 명성 자본만으로 권력을 가지려는 사람들에게 쉽게 현혹되지 않아야 한다.

보여주면서 감추기

텔레비전은 필요하지 않은 것을 보여주고 필요한 것은 감추는 능력이 탁월하다. 텔레비전은 실제 상황이 그대로 송출되지 않고 편집하고 더해진다. 편집은 곧 해석의 방향을 결정한다. 보여주고 싶은 것은 강하고 길게, 보여주고 싶지 않은 것은 생략할 수 있다. 편집은 텔레비전이 가지고 있는 최고의 무기다.

텔레비전에서 유명 연예인의 일탈을 다룬 뉴스를 계속 내보내면 대중은 정치와 사회 이슈에서 멀어진다. 선거제 개편, 기본소득의 정당성에 대해 더 많이 고민해야 하는데 유명인에 대한 자극적인 기사에 집중하여 쉽게 흥분하고 몰입하는 이슈를 재생산시킨다. 텔레비전이 오랫동안 바보상자라고 불려 온 이유는 중요하지 않은 것을 중요하게 만들어 대중의 탈정치화를 방조했기 때문이다. 사유하거나 생각을 깨우치는 시간이 아니라 텔레비전의 가십으로 시간을 소진하는 경우 우리는 그만큼 진실을 보는 눈에서 멀어질 수밖에 없다.

신의 인형들

부르디외는 책에서 플라톤을 인용하며 우리가 '신의 인형들'이라고 표현한다. 텔레비전 안에서는 그 누구도 자유롭지 못하다. 자기 입에서 나온 말은 자신이 속한 장에 영향을 끼친다. 더하여 텔레비전이 바라지 않는 말은 스스로 검열할 수밖에 없다. 편집되거나 퇴출당할 수 있기 때문이다. 이런 상황을 고려하여 나올 수 있는 의견은 순수하고 자유로울 수 없다. 텔레비전을 시청하는 대중은 눈을 번쩍 뜨고 실제 세계를 볼 수 있도록 깨어나야 하는데, 정작 텔레비전은 대중의 시선을 고정해 실체를 볼 기회조차 주지 않는다. 이를 결국 신들이 보여주고 싶은 것만 보고 믿게 만드는 인형 놀이라 비유한 것이다.

2024년 3월, 주 52시간 근로제가 위헌이라는 헌법소원에 대해 헌법재판소는 합헌이라는 판결을 내렸다. 직장인이라면 궁금할 수 있다. OECD 국가 중 근로 시간이 5번째로 높은 한국에서 근로자의 휴식을 보장하기 위해 만들어진 52시간 근로제를 누가 헌법소원을 제기한 것일까? 헌법소원을 제기한 단체는 대중에게 이름이 생소한 보수단체다. 영세한 사업장의 사업주와 근로자는 영세하기 때문에 원하는 만큼 일할 수 있게 해야 한다는 주장이다. 내용만 보면 일견 타당하다. 하지만 이들이 꾸준히 내온 성명서를 보면 단순한 인권 보호가 아닌 반대편에 있는 정당의 기조를 무시하고 법률적으로 제약하는 정치 활동에 치우쳐져 있다. 이처럼 기사로 발행된 단체나 개인의 주장은 특수한 장의 메시지가 숨겨져 있는 경우가 많고 미디어를 접하는 대중은 이러한 메시지를 숙고할 필요가 있다.

근로 시간과 텔레비전 이용률은 높은 상관관계가 있다. 초과근무가 만연한 사회, 서울에서 일하지만 집은 경기도인 사람들은 집에 도착하는 시간이 저녁 8시 또는 9시가 넘는다. 아이가 있다면 아이를 돌보고 그렇지 않다면 간단한 집안일을 하면 취침까지 두 시간이 남는다. 남은 시간 가장 효율적으로 할 수 있는 일은 텔레비전 시청하며 깊은 사고를 멈추는 것이다. 하지만 우리에게 4시간의 여유가 있다면 무엇을 할까? 그때도 텔레비전을 볼까? 테니스를 배우고 영화관에 가고 산책을 떠날 것이다. 텔레비전은 너무 피곤한 사람들이 실내에서 여유를 갖는 의식이다.

텔레비전은 거대한 미디어 자본이고 권력이다. 부르디외는 이 권력이 정치와 경제에 속한 권력에 의해 휘둘리지 않도록 철저하게 관리해야 한다고 말한다. 이와 같은 역할을 정치 장과 경제 장에서 비교적 자유롭고 이들 장을 객관적으로 견제할 수 있는 언론인과 지식인이 해야 한다고 말이다. 부르디외도 단순히 지식층에만 이 일을 맡기지 않고 시민 스스로가 텔레비전 자본을 민감하게 주시하고 비판하기를 바랐을 것이다. 『텔레비전에 대하여』라는 책을 낸 이유는 자신의 지식이 더 대중에게 다가가기 위해서였을 것이다.

구조 속에 갇힌 신의 인형으로 살지 않기 위해서 우리는 구조를 파고들어야 한다. 구조를 이해하고 근본적인 변화를 추구해야 한다. 텔레비전 즉 모든 미디어에는 의도가 있다.

4

무급인턴이 바라본
사회 자본과 파워 게임

대학교 3학년 때 학교에서 열린 프레젠테이션 대회에서 '소셜네트워크는 어떻게 세상을 변화시키는가?'라는 주제를 발표하며 입상한 적이 있다. 당시의 나는 프레젠테이션을 준비하며 소셜네트워크 서비스가 이룬 혁신에 매료되어 있었다. 실시간 이벤트가 빠르게 진행되었고 영향력 있는 개인이 등장했으며 소규모 자본의 독립 브랜드가 흥행하기 시작했다. SNS에서 시작된 튀니지 혁명♦이 아프리카의 독재를 몰아냈다는 사실은 먼 이국땅에 있는 나와는 전혀 상관없는

♦ 2010년에서 2011년까지 튀니지에서 일어난 혁명. 튀니지의 국화에 빗대어 재스민 혁명이라고도 부른다. 이 혁명으로 시작으로 2024년 현재도 그 여파가 미치고 있는 아랍권의 민주화 운동, 이른바 '아랍의 봄'이 이어지고 있다.

일이었다. 하지만 나는 권선징악을 실현한 동화 같은 이야기에 반해버렸다. 소셜네트워크가 뒤처진 나의 삶을 반전시킬 기회를 제공해 줄 것만 같았다. 운명의 키워드를 만났다는 생각에 흥분한 나는 곧바로 소셜네트워크와 관련된 직장을 알아보기 시작했다. 대학교 4학년으로 올라가던 시기였다.

소셜네트워크가 막 태동하는 시기였기에 페이스북, 트위터 같은 글로벌 서비스 외에 소셜네트워크와 관련된 회사는 많지 않았다. 그러던 어느 날 포털에 소셜네트워크를 검색했을 때 상단에 발견한 기관이 있었다. 바로 '한국소셜네트워크협회'였다. 막 생긴 협회였기에 채용 중인 직무가 없었지만 운명의 키워드를 쉽게 포기할 수 없었다. 이미 모험심과 도전 욕구가 전조증상인 스타트업 병에 단단히 걸린 나는 협회에 다짜고짜 전화를 걸어 인턴을 하고 싶다고 했다. 협회는 흔쾌히 수락했다. 단, 신생 협회라 정식 채용이 어려워 점심만 제공할 수 있다는 조건이었다. 어차피 취업난에 당장 일자리를 구하기 어려운 시기였고 경력이 없는 신입을 받아주는 곳도 별로 없었다. 인턴을 마치고 좋은 회사에 취직하겠다는 목표로 협회에 출근하기로 마음먹었다. "그로부터 6개월 후 나는 결국 소셜네트워크협회에서 SNS 전문가로 인정받았고 SNS 활용을 고심하는 대기업 마케팅팀장으로부터 스카우트 제의를 받았다." 이런 아름다운 결말이 무급인턴이라는 결정을 보상해 줄 것이라고 굳게 믿었다.

배고픈 인턴과 더 배고픈 협회

집에서 두 시간 거리에 있는 협회는 가산디지털단지에 있는 수많은 빌딩 숲 어딘가에 자리 잡고 있었다. 가산디지털단지역은 충청남도 신창에서 시작해 경기를 지나 서울로 관통하는 지하철 1호선 라인에서 가장 유동 인구가 많은 곳이었다. 출·퇴근 시간만 되면 콩나물시루처럼 사람이 빽빽이 들어차 있어 지하철에서 내리면 진이 빠지는 경우가 허다했다. 세금이 싸고 임대료가 저렴한 가산디지털단지는 수많은 온라인 쇼핑몰, 앱 개발사, 스타트업이 혼재한 온라인 산업의 메카였다.

디지털단지 먹거리 골목 근처 빌딩에 있는 협회의 사무실 들어서자 4명의 어른이 대학도 졸업하지 않고 인턴을 하겠다고 찾아온 나를 따뜻하게 반겨주었다. 협회 사무실은 작았지만 수십 건의 오프라인 행사와 온라인 이벤트가 진행되는 활발한 곳이었다. 협회는 소셜네트워크 서비스가 바꿀 희망찬 세상을 그리며 콘퍼런스를 주기적으로 열었고 다양한 기관과 양해각서MOU를 맺었다. 상품도 없고 자산도 없는 협회가 단순히 이름만으로 기관들과 협업하는 과정이 흥미로웠다. 사진 촬영에 딱 한 번 쓰일 현수막을 걸고 서로 잘해보자며 악수하며 찍은 MOU 사진 촬영만으로도 큰 성과로 여기는 분위기였다. 기업과 기관들은 소셜네트워크를 잘 활용하는 곳으로 홍보하기 위해 협회가 필요했다. 협회는 MOU를 맺은 기관에 찾아가

담당자들에게 소셜네트워크 서비스의 활용 예시와 마케팅 방법을 교육했고 교육비를 받았다. 수강생들은 소셜네트워크의 부풀려진 마케팅 효과와 재스민 혁명에 감동하며 수업에 열정적으로 참여했다.

협회가 주최하는 행사를 실행하고 협회 살림을 운영하는 운영팀과, 협회의 명성을 키우고 외부 자금을 끌어오는 대외협력팀이 있었는데 대외협력팀은 주로 돈 많은 회원사를 모집하고 영향력이 있는 인물을 협회의 회장으로 추대하는 데 매진했다. 협회의 든든한 배경 즉 사회 자본이 완성되어야 제대로 된 수익 사업을 할 수 있기 때문이다. 하지만 소셜네트워크협회를 다니는 6개월 동안 협회의 사정은 계속 어려워졌다. 페이스북이나 트위터 같은 글로벌 서비스 외에 국내에서 두각을 나타내는 소셜네트워크 기업이 없었고, 힘 있는 기업의 후원이 없는 협회는 종이호랑이와 같았다. 당시 인턴이었던 나도 운영자금이 얼마 남지 않아 협회의 운영이 어렵다는 것을 느낄 정도였다.

협회는 명성이 높은 인물을 협회장으로 추대하는 것을 돌파구로 삼으려 했다. 오랫동안 외국계 대기업에 근무하고 명문대에서 박사 학위를 받은 사회적으로 영향력 있는 사람을 협회장으로 추진하려고 했으나 협회장 제안을 받은 유력 후보자는 회장직을 번번이 고사했다. 협회는 협회보다 더 큰 명성 자본을 가진 사람을 영입하려 했고 후보자는 협회의 명성이 자신에게 얼마나 도움이 될지 판단한 것이다. 협회는 결국 운영자금이 소진되는 동안 사회 자본을 구성하는

데 실패했고 이에 따라 '협회'라는 단어를 바탕으로 자격증을 만들거나 유료 콘퍼런스를 여는 수익 활동도 멈춰 섰다.

이미 무급인턴을 약속하고 시작한 일이라 큰 불만은 없었지만, 새벽에 일어나 왕복 4시간 거리를 오가며 협회에서 일하는데 오히려 내가 감당해야 하는 비용이 커지고 있었다. 그렇게 6개월의 시간이 지나고 나는 아쉬움 없이 협회에서의 인턴을 종료했다. 협회가 자신을 증명해 줄 기업과 협회장을 얻는 데 실패했듯이 나는 협회를 배경으로 삼아 더 높은 곳으로 점프하는 데 실패했다. 마법 같은 인생 역전을 뒤로하고 다시 차가운 취업전선으로 뛰어들었다.

사회 자본이 자발적으로 집합하는 이유

협회의 사전적 의미는 '같은 목적을 가진 사람들이 하나의 단체를 설립하여 유지해 나아가는 모임'이다. 협회의 사회적 의미는 하나의 분야를 대표하며 그 분야가 건강히 발전할 수 있도록 공적인 시스템을 만들고 대변하는 것이다. 이렇게 좋은 의미를 가진 협회가 만들어지는 이유는 간단하다. 개인보다 더 큰 영향력을 갖기 위함이다. 개인이 가진 자본은 미약하지만, 같은 목적을 가진 개인이 모인 단체는 사회 자본을 형성한다. 이는 단체가 개인보다 더 큰 권력을 행사할 수 있도록 돕는다. 우리는 흔히 유명한 대기업의 이름은 알아도 협회에 대해서는 잘 알지 못하는 경우가 많다. 보통의 협회는 한국소셜네트워크협회, 한국닭싸움협회, 한국오목협회 같이 대중적이지 않고 협소한 의미의 협회가 많아 일반인은 협회라는 존재를 인지하기 어렵다. 하지만 협회는 그들이 속한 사회에서 더 큰 영향력을 행사한다. 이들은 개인의 목소리를 한데 모아 정치적인 입장을 낼 수 있고 관련 기업을 회원사로 모셔 특정 산업의 정보를 독점할 수 있다.

국내에서 협회가 활발히 활동하는 산업으로는 자동차 산업과 출판 산업이 있다. 자동차 산업의 대표 협회는 한국자동차산업협회는 현대, 기아, KG모빌리티, 르노코리아, 한국GM을 회원사로 두고 있다. 국내 대표 자동차 브랜드 다섯 곳이 참여하고 있다. 1988년에 만들어진 이 협회는 각 브랜드 사의 자동차 판매 현황을 독점하고 있고 이들의 데이터를 보려면 매년 72만 원의 연회비를 부담해야 한다. 대기업을 회원사로 두고 산업에 의미 있는 정보를 독점하는 이 협회는 직원 연봉 수준이 대기업 연봉에 준하는 것으로 유명하다.

주로 산업의 규모가 크고 안정적인 경우 그 분야에서 세분된 다수의 협회가 발생한다. 자동차 산업에는 앞서 언급한 한국자동차산업협회 말고도 한국자동차협회, 자동차 진단보증협회 등이 존재한다. 이들은 각각 자격증 제도를 운영하고 있다. 특히 자동차 정비소, 중고 자동차 평가사로 활동할 수 있는 자동차 진단 평가사의 경우 국가공인자격증으로 자격증을 취득하는 데 34만 7,000원이 필요한 데 매 시험 1,000명 이상의 사람이 응시한다.

대한출판문화협회는 역사가 오래되었고 산업 규모가 큰 대표적인 협회다. 국내 수많은 출판사를 회원사로 두고 있고 평균 10만 명의 방문객이 찾는 서울국제도서전을 운영하는 규모가 큰 협회다. 이들은 저작권 보호, 건전한 출판유통시스템 확립, 출판공로상 등을 만들어 출판산업 이모저모를 돌보고 있다. 이들은 산업의 이익에 큰 영향을 미치는 입법이 논의되거나 불법 유통물에 대한 사건이 일어나면 성명문을 내고 자신들의 목소리가 반영될 수 있도록 정치적인 활동을 한다. 활력이 도는 산업에서 다수의 회원사를 얻은 협회는 산업 박람회, 자격증 사업을 운영하며 제도화된 사회 자본을 시행할 수 있는 자격을 얻는다. 자격증 시험이 생기면 곧 자격증 공부를 진행하는 학원이 생기고 학원은 협회에 등록하여 협회 등록비를 내야 한다. 이처럼 협회가 자격 또는 인증기관의 역할을 탐내는 이유는 산업을 대표하는 상징 자본을 얻을 수 있기 때문이다.

부르디외의 '장 이론' : 삶의 곳곳에서 일어나는 파워 게임

협회는 사회 속의 사회다. 개인에게는 아무 책임도 권한도 없지만 협회와 같이 구조화된 조직에 속하는 경우 개인은 일정한 책임과 권한을 협회로부터 부여받는다. 권한을 부여받은 개인은 더 이상 개인이 아니라 어떤 단체의 집행자가 되어 누군가를 심판하거나 판정할 수 있다. 이는 꼭 협회가 아니라 다양한 이해관계로 묶일 수 있는 모든 그룹에서 발생한다. 대표적인 예로 국내 문학계의 등단시스템이 있다. 국내에서 인정하는 문학 공모전에서 수상하는 사람만 등단한 소설가로 부른다. 소설은 누구나 쓸 수 있고 출판사가 원한다면 누구나 책을 낼 수 있지만 문학계는 오직 공인된 문학상을 받은 작가를 소설가로 대우한다. 이를 통해 문학상은 권위를 얻고 동시에 그 문학상을 받은 문인들도 등단 작가로서 지위를 누릴 수 있다. 설령 수상한 책이 단 한 권도 팔리지 않더라도 말이다.

부르디외는 이처럼 개인뿐 아니라 특정 단체나 문화가 오랫동안 자신의 아비투스를 형성해 온 것을 '장field'이라고 불렀다. 아비투스는 개인의 성향과 습관이 담긴 작은 우주다. 장은 개인이 하나의 그룹으로 모여 서로 협력하고 경쟁하며 자신의 위치를 드러내는 작은 단위의 사회를 뜻한다. 장을 설명하는 대표적인 영역으로는 오랫동안 집단의 위계를 형성해 온 예술, 스포츠, 종교와 같은 장이 있다. 이 장들은 서로 경쟁하고 인정하며 다양한 영역에서 질서로 자리 잡는다.

부르디외의 '장 이론'이 중요한 이유는 장은 부르디외가 말하는 아비투스와 취향의 자본 그리고 그에 따른 폭력과 상징의 개념이 모두 유기적으로 돌아가는 사회이기 때문이다. 장 안에서 개인과 개인의 자본이 부딪쳐 권력이 발생하고 폭력이 발생하고 자본이 발생한다. 또한 장은 외부의 또 다른 장과 경쟁하며 자본과 영향력이 증가하거나 소멸한다. 이처럼 장 이론은 각각의 장이 가진 자본을 개인이 측정하거나 구분할 수 있게 한다. 부르디외의 장 이론을 통해 얻는 안목은 단순히 눈앞의 현상을 직관적으로 받아들이는 게 아니라 나와 내가 속한 사회의 영향력을 계산할 수 있는 영역으로 가져오는 힘을 길러 준다.

기존에 형성된 장의 권력은 영원하지 않다. 기존의 정복자와 새로운 도전자의 경쟁은 끊임없이 일어난다. 이 경쟁의 대표적인 장이 바로 '경제 장'이다. 내가 다녔던 소셜네트워크협회는 돈에 대한 이해관계를 다루는 경제장에서 자신만의 비즈니스를 일구려고 했던 일종의 예언자형 스타트업이었다. 새로운 산업의 격동을 보며 발 빠른 사람들이 협회를 결성하고 그들만의 위계를 만들며 단체를 형성한다. 1980년도에 시작된 자동차협회나 출판문화협회처럼 기존에 자리 잡은 기득권 단체가 없는 산업에서 가장 먼저 단체를 만들고 자리 잡으면 그들이 곧 최상위 계급을 차지할 수 있다. 하지만 어떤 권위도 없이 외부 환경에 따른 유행에 올라타 형성된 단체는 스스로 가진 자본이 빈약하므로 다른 자본을 끌어당기기 쉽지 않다. 결국 예언자형 스타트업은 몇 개의 MOU와 몇 개의 기사를 남기고 스러져 가는 경우가 대부분이다. 결국 스타트업도 살아남기 위해서 많은 사람이 인정하는 기존의 산업에 침투하는 경우가 많은데 이들의 유형은 바로 도전자형 스타트업이다. 도전자형 스타트업이 많은 산업의 경제장일수록 더욱 치열한 경쟁이 일어난다. 이어서 도전자형 스타트업과 기존 산업의 경쟁에 대해 살펴보자.

5

◆

낭만이 가득한
스타트업

첫 번째 스타트업

"똑똑"

"네, 들어오세요."

문을 열고 들어가니 5평 정도 되는 작은 사무실에 네 개의 책상이 있었고 그중 세 개의 책상에는 대표님과 또래의 직원 두 사람이 앉아 있었다. 말끔히 비워진 네 번째 책상은 마치 자기 주인을 기다렸다는 듯 반갑게 나를 맞이했다. 문을 반쯤 열고 들어가기를 멈칫하는 사이에 대표님이 잔뜩 웃으며 내게 다가오는 모습이 보였다. "죄송합니다. 제가 회사를 잘못 찾아왔네요!" 이 말을 남기고 문을 살짝 닫고 나오면 이 모든 게 없었던 일이 될 수는 없을까 잠시 고민했다. 내가 생각했던 회사와 환경이 달랐기 때문이다. 미국에 지사가 있는 글로벌 전자책 플랫폼 스타트업이라는 소개를 보고 왔는데 4평짜리 사무실에 3명의 머리가 동동 떠 있는 모습을 확인하니 겁이 났다. 사실은 전자책이 아니라 옥장판을 파는 곳이라고 해도 놀라지 않을 것 같았다. 그래도 약속한 면접이니 예의 바른 태도로 면접에 참여하고 나중에 합격을 알리는 전화가 오면 정중히 사양하겠다는 굳건한 마음을 먹고 나는 면접에 임했다. 사무실을 확인하고 나니 나는 그 어떤 회유에도 넘어가지 않을 자신감이 생겼다.

나와 대표님은 건물 1층에 있는 카페에서 면접을 진행했다. 대표님은 나에 대해 이런저런 경력 사항을 물었다. 소셜네트워크협회에서 인턴 생활을 한 경험과 더불어 IT서비스가 바꿀 세상에 대해 큰 기대를 하고 있다고 말했다. 그러자 대표님의 눈이 반짝거렸다. '요놈 말이 통하는 놈이겠군.'이라는 표정이 스쳐 지나갔다. 그리고 대표님은 아이패드를 꺼내더니 회사에서 만든 3D 디지털 교재를 보여주며 말했다. "우린 누구나 이런 멋진 콘텐츠를 만들 수 있는 에디터를 개발하고 있어요." 그가 보여준 아이패드 속 콘텐츠는 '시연'이라는 단어가 어울릴 정도로 멋진 그래픽으로 표현되고 있었다. 나는 그동안 종이 교재로 교육받아 왔지만 앞으로 학생들은 현란한 그래픽으로 무장한 디지털 교재를 사용할 것 같았다. 이 정도 멋진 기술이라면 출판산업에서 앞서가는 사람이 되어 고액 연봉자가 될 수도 있겠다는 허튼 생각이 들었다. 나는 당시 스타트업장의 들뜬 분위기에 매료되어 있었다. 그들의 다루는 상품은 주로 이성의 영역인 IT 솔루션이지만 그들이 지향하는 목표는 사람들이 멋진 미래를 꿈꾸도록 비전을 보여주는 일이었다. 한마디로 낭만과 로맨스의 시대였다. 꿈을 좇는 대표의 감성적인 설득에 넘어간 나는 스스로 합류할 논리를 찾았다. 전통 산업에서 자리 잡은 회사에 가도 내가 원하는 만큼 성장하지 못할 것 같았다. 가장 빨리 나의 영역을 구축할 수 있는 곳에서 전문가로 자리를 잡자는 심정이었다.

결국 네 개의 책상 중에 마지막 남은 책상을 차지한 나는 바로 팀장이라는 직함을 얻었다. 앞으로 여러 기업의 실무자를 만날 텐데 직책으로 무시당하면 안 된다며 대표님은 내게 원하는 직책을 골라 보라고 하셨다. 과장, 부장은 연차가 높아야 하는 직책이라 나는 가장 무난한 팀장을 선택했다. 이렇게 사회생활 첫 시작부터 나는 팀원이 하나도 없는 팀의 팀장이 되었다. 이후 나는 팀장답게 온갖 출판사에 무작정 전화를 걸어 꼭 보여드릴 것이 있으니 만나 달라고 했다. 앞으로 앱으로 책을 보는 시기가 올 테니 미리 준비해야 한다고 설득했다. 하지만 어떤 출판사도 움직이는 전자책 따위에 반응하지 않았다. 일단 만나서 얘기하고 싶다고 전화하면 저희 사장님이 연세가 많으셔서 전자책을 잘 모른다며 통화를 끊는 곳이 많았다.

출판산업에서 비즈니스를 확장하지 못하던 중 오히려 대기업에서 모바일 전용 디지털 홍보물을 만들어 달라는 제안을 연달아 받왔다. 화려한 그래픽으로 시선을 끄는 인터렉티브 콘텐츠는 출판보다 광고시장에서 더 반겼다. 출판과 교육에 한 획을 긋는 스타트업을 꿈꾸던 나는 주말에도 새벽에도 개발자들과 밤을 지새우며 대기업의 광고 솔루션을 만드는 외주업체 담당자가 되어있었다. 갑자기 외주업무는 늘어났고 내부 개발자들은 정신을 차리지 못했다. 한 달이 멀다고 퇴사자가 발생했고 긴급하게 신입을 뽑아서 메꾸는 일을 반복하며 간당간당하게 납기를 마치다가 결국 우리보다 더 저렴한 외주회사를 찾아 일을 맡겼다. 그래도 납기를 제대로 하기 어려우면 중국과 동남아시아의 개발자까지 섭외하여 필요한 개발 코드를 받기도 했다. 외주의 외주의 외주는 IT업계에도 팽배해 있었다.

　나와 가장 친한 개발자 제임스는 어느 날 내게 회사를 그만두겠다고 했다. 그는 장기간 야근에 많이 지쳤고 소진되어 보였다. 당시 세일즈&마케팅팀장, 서비스 기획자, 인사 매니저 등등의 온갖 포지션을 겸하고 있었는데 회사의 CTO나 다름없는 선임 개발자가 퇴사한다는 소식에 하늘이 무너지는 것 같았다. 심지어 수억 원 규모의 솔루션 납기가 얼마 남지 않은 상황이었고 개발자가 꼭 필요한 프로젝트였다. 결국 제임스 앞에서 눈물을 글썽거리며 남아달라 부탁했다. 이대로면 프로젝트는 좌초되고 회사는 심각한 타격을 받을 수밖에 없었다. 무엇보다도 회사에 3년을 쏟은 나의 노력이 물거품이 되는 것 같아 억울했다. 나의 눈물 덕분이었는지는 모르겠으나 제임스는 회사를 1년만 더 다녀보기로 했다. 그 당시 우리는 해외에 있는 외국인 개발자까지 고용해 가며 겨우겨우 프로젝트를 마무리했다. 그리고 6개월 후 나는 두 번째 스타트업으로 이직했다. 제임스를 남겨두고 말이다. 퇴사하는 날 그는 나를 데리고 가산의 어느 아울렛에 데리고 가 그동안 고생했다며 코트를 사주었다. 밤새워 함께 야근하며 어려운 시기에 버팀목이 되어준 것도 고마운데 이직을 통해 내가 먼저 도망치는 것만 같아 미안한 마음이 들며 울컥한 감정이 몰려왔다.

　나의 첫 회사는 무급인턴을 했던 소셜네트워크협회처럼 너무 빨리 시장에 들어와 버렸고 결국 전자책 산업에서 탈락했다. 첫 번째 회사를 통해 깨달은 건 어떤 회사를 가더라도 최소한의 고객을 형성한 자기만의 서비스가 있어야 한다는 사실이다. 스타트업에서는 고객이 곧 힘이고 한 산업의 장으로 들어갈 수 있는 입장권이다. 그리고 3년 후 나는 콘텐츠 산업에서 빠르게 성장하는 스타트업 '리디'로 이직했다.

두 번째 스타트업

두 번째 이직이 이루어진 2016년은 스마트폰과 태블릿PC의 보급률이 높아지며 산업의 패러다임이 빠르게 바뀌고 있었다. 손바닥만한 스크린은 온갖 콘텐츠를 쓸어 담았다. 영화, 드라마, 책 등의 공통

점은 사람의 즐거움을 위해 존재하는 상품으로 모두 각기 다른 전용 그릇에서 사용됐다는 것이다. 그리고 각각 영화산업, 방송산업, 출판 산업으로 성장했다.

이 산업들이 모두 스마트폰 속으로 빨려 들어가고 있었다. 기존 산업의 참여자들은 IT 기술과 융화하는 방법을 알지 못했고 개발자로 무장한 IT 기업인들이 진입하며 산업의 도전자로 데뷔했다. OTT 는 거대한 자본과 결합하여 결국 영화, 드라마 시장을 빠르게 점유 했다. 그와 중에 출판은 꿋꿋이 자리를 지키며 산업의 도전자들에게 자리를 내주지 않고 있었다. 출판에도 거대 자본의 시도가 없었던 것은 아니다. 카카오와 네이버 모두 전자책 사업을 시도했지만, 종 이책 중심의 출판산업은 견고했다. 영화나 드라마는 두 시간이면 흘러가는 스트리밍 콘텐츠지만 책은 쉽게 흐르지 않았다. 완독에 최소 일주일은 걸리고, 30년 전 책이 아직도 팔리는 특이한 상품인 책은 소비성으로 전환되지 않고 소장성 상품에 머물러있었다. 이렇게 콘 텐츠 산업 곳곳에서 그릇을 지키거나 그릇을 나누려는 시도가 이루 어지며 격변의 시기를 지나고 있었다.

나의 두 번째 스타트업은 전자책 서점과 웹툰 웹소설 플랫폼을 운영하는 리디였다. 마침 내가 리디에 합류하던 때는 본격적으로 MZ세대가 사회에 진출하며 전자책 이용자가 폭넓게 증가했고 기 존의 세대들도 디지털기기에 익숙해져 전자책 판매가 가파르게 늘 고 있었다. 매년 좋은 실적을 내며 출판 장에 잘 안착했지만 담당자로서 내가 겪은 출판 장은 리디를 비롯한 전자책 비즈니스에 여전히 호의적이지 않았다.

종이책 산업 종사자에게 전자책은 불편한 옵션이었다. 종이책 판형뿐 아니라 스크린을 위한 편집을 다시 해야 하고 전자책 파일과 종이책 인쇄본 파일을 이중으로 관리해야 한다. 출판 장에 속한 이해관계자는 전자책이 판매될수록 종이책 베스트셀러 순위가 떨어지는 것에 두려움을 가졌다. 전자책의 판매는 대형 서점의 베스트셀러 순위 반영에 큰 도움이 되지 않기 때문이다.

이렇듯 오랫동안 출판 장에 속하는 모든 구성원의 효율성이 종이책 중심으로 짜여있어 오히려 전자책은 비효율적이고 수익성이 낮은 상품이 되었다. 독자에게 가장 편리한 상품이 산업 종사자에겐 가장 비효율적인 상품이 된 아이러니는 장내 투쟁에서 전자책 장이 기존 출판 장의 변화를 끌어내기 어려웠다. 스타트업이 가진 자본은 매우 적기 때문에 버틸 수 있는 시간도 한정적이다. 하지만 출판 장은 이미 70년 동안 자리 잡아 온 하나의 거대한 문화였다. 어떤 산업의 장이 이제 막 시작한 도전자를 무시하는 것은 기존의 장보다 역사적인 상징이 매우 짧기 때문이고 기존 산업의 상징이 오랫동안 지켜온 가치와 대치하기 때문이다.

장은 무엇으로 움직이는가?

지금까지 스타트업 경험담을 먼저 언급한 이유는 부르디외의 장 개념을 그보다 쉽게 표현하고자 함이다. 그의 이론 중에 가장 신경 쓴 이론은 바로 장 이론이다. 장 이론의 개념을 알게 되면 우리는 어떠한 사건이나 현상을 조금 더 입체적으로 볼 수 있다. 한국이라는 커다란 사회장에서 개인의 영향력은 매우 미미하다. 지역을 극히 좁혀 각자의 고향인 서울·천안·인천·부산 장에서도 개인은 역시 미미하다. 하지만 수원의 로터리클럽 회장이라면 개인의 위치는 달라진다. 대형 교회의 권사님이면 개인의 위치는 달라진다. 독서 토론 모임의 회장이라도 역시 개인의 위치는 달라진다. 개인은 장을 통해 자신의 위치를 확인하고 자신의 상징을 얻는다. 그러므로 개인에게 장의 형성과 유지는 매우 중요한 임무다.

장에는 그 장에만 해당하는 게임의 규칙이 있다. 이는 국가의 법률이나 대중의 일반 상식을 따르지 않고 오직 그 장의 자율성에 따라 움직인다. 대한체육협회가 법적인 결과와는 상관없이 윤리에 어긋난 행동을 한 선수들에게 출전금지 등의 징벌을 내리는 것도 장의 자율성에 따른 것이다. 장에는 그 장의 존속과 질서를 지키기 위해 만들어진 규칙이 있다. 그러므로 장에 속한 기존의 권력은 그 규칙이 깨지는 것을 극도로 경계한다.

장에는 '일루지오'라는 집단의 신념이 있다. 일루지오는 게임을 뜻하는 라틴어 '루두스'에서 유래한다. 게임에 참여해 시간 또는 돈을 투자한 장의 구성원이 어떤 상징의 가치나 규칙을 따르는 것이다. 장에서 배출한 재화나 상품의 가치를 장내 참여자들의 집단적 동의와 신뢰로 결정된다. 모든 상품에는 사회 통념상의 표준 가격이 있다. 붕어싸만코는 2,200원, 라면은 1,000원, 택시는 6,000원 등 사회적으로 형성된 가격에서 크게 벗어나지 않는다.

하지만 예술가와 전문 예술인이 속한 예술 장은 다르다. 부르는 게 값이라는 말이 있을 정도로 천문학적인 금액이 오가는데 이 가치는 예술 장에 속한 사람들의 인정으로 이루어진다. 이들은 대체로 공통의 아비투스를 갖는다. 동일한 미술사를 배우고 유사한 엘리트 코스를 밟으며 예술가 또는 감정평가사로 거듭난다. 어떤 예술가의 작품이 값어치가 높은지 예술 장의 사람들은 대체로 균질한 이해도를 갖는다. 공중화장실에서 쓰이는 남성 소변기로 만든 마르셀 뒤샹의 샘은 약 193억 원의 가치가 있다. 이는 다다이즘과 레디메이드의 창시자인 뒤샹의 작품이라는 이유도 있지만 현재의 예술 장에서 그의 현대적 관점의 미학을 높이 평가하므로 100억이 넘는 가치가 유지되고 있는 것이다. 이처럼 예술품의 가격은 일반적인 상식으로는 이해하기 어려운 특징이 있다. 이는 예술의 장이 아닌 다른 장도 마찬가지다. 사향고양이 똥에서 채취한 원두로 만든 루왁 커피는 세계 3대 커피로 불린다. 커피를 좋아하지 않는 사람에게는 눈살이 찌푸려지는 커피지만 루왁 커피는 통상적으로 비싸게 팔린다. 커피 장의 전문가들이 인정하는 커피고, 결국 커피 장에 속한 사람들이 소비할 것이기 때문이다. 장의 믿음으로 형성된 가치가 전체 사회에서 상품 가격을 매기는 데 영향을 미치는 것이다.

장에서는 상징 자본을 갖기 위한 상징 투쟁이 끊임없이 일어난다. 이는 자신의 장을 위협하는 외부를 향한 시위가 될 수 있고 내부에서 자리 잡기 위한 서열 싸움이 될 수 있다. 장의 고유한 위치를 차지하기 위해서는 내부와 외부 각각에서 시도 때도 없이 찾아오는 도전과 위기에 맞서야 한다. 상징 투쟁은 장을 유지하고 움직이는 연료와 같다. 투쟁이 없는 장은 결국 죽거나 소멸한다.

이처럼 장은 장에 속하지 않은 사람이라면 도저히 이해할 수 없는 규정과 투쟁 그리고 믿음에 따른 가치 측정이 일어나는데, 이를 상대적 자율성이라고 부른다. 각기 다른 장에 속한 사람은 상대 장의 자율성을 이해할 수 있는 아비투스가 없기에 혐오와 불만 그리고 분쟁의 원인이 된다. 우리는 모두 한국이라는 커다란 장에서 살아가지만, 한국 사회 안에 교회, 학교, 협회 등 각각의 모임과 단체활동을 통해 각각의 규율에서 살아가고 있는 것처럼 우리는 법적인 구속력이 없이도 스스로 장이 자율적으로 만든 문화를 따른다. 이 상대적 자율성을 갖는 장이 어떻게 장내 및 장외 투쟁을 통해 상징 자본을 지켜나가는지 보여주는 좋은 예는 앞서 설명한 종이책과 전자책 관계처럼 도전하는 스타트업과 기존 산업과의 충돌에서 많이 찾아볼 수 있다.

스타트업의 운명 : 주류로 합류하거나 경쟁에서 소멸하거나

성공한 스타트업은 대체로 기존 산업의 가장 불편한 지점을 개선하고 혁신하여 자신이 속한 장의 주요 플레이어로 성장한 케이스다. 기존 산업의 규모가 크고 역사가 오래될수록 경쟁은 더욱 치열하다. 내가 몸담은 출판은 물론이고 금융, 택시, 의료, 법률 장에서도 각각 치열한 경쟁이 일어났다. 이들 장의 공통점은 강력한 장내 위계와 규칙이 설정되었을 뿐 아니라 경제적으로 커다란 산업을 형성하고 있다. 소수의 스타트업은 살아남아 장에 새로운 가치를 제공하며 기존 장과 균형을 이루고 있지만 대부분의 스타트업은 더 이상 성장하지 못하거나 서비스를 중단하고 만다. 흥미롭게도 서비스를 중단한 스타트업들이 더 좋은 기능을 제공하지 못해서 장에서 탈락한 것은 아니다. 이들이 제공한 서비스는 훌륭했고 접근성도 뛰어났다. 하지만 혁신적인 기술로 고객과 돈을 획득하려고만 했지 해당 산업의 장에서 가지고 있는 집단의 신념 즉 일루지오를 획득하려는 시도를 소홀히 했다. 일루지오를 얻기 위해서는 멋진 기획과 뛰어난 기술력뿐 아니라 기존의 장과 조화를 이룰 적절한 정치력과 장을 세심하게 이해하는 감각이 필요하다. 이처럼 스타트업이 장 내에서 의미 있는 결과를 얻기 위해서는 복잡다단한 사회적 투쟁이 동반된다.

나는 직원이 4명이었던 스타트업에서 유니콘 스타트업인 리디를 거쳐 최근에 코스닥에 상장한 '밀리의 서재'까지 오기까지 총 11년이 걸렸다. IT 스타트업 장에 있으면서 그동안 수없이 보고 경험한 것은 바로 장과 장의 치열한 대결이었다. 스타트업에 참여하는 것은 기존의 비즈니스 권력이 만들어 둔 장에 작은 돌멩이를 들고 뛰어드는 것과 마찬가지다. 기존 장에서 가장 약한 고리를 돌로 깨트려 최소한의 내 편을 만들고 계속해서 나의 편을 불려 가는 일을 반복해야 한다. 스타트업 정신은 마치 성근 청년과 같다. 그래서 스타트업 장에는 자본이 적은 수많은 청년이 참여하여 열정을 쏟는다. 누구의 자본도 아닌 나만의 자본을 형성하기 위함이다. 스타트업과 청년이 자본을 형성하며 살아남으려면 거대한 장으로부터 짓눌리지 않을 정도로 나만의 장을 형성하고 끊임없이 장내 충돌을 통해 자리 잡아야 한다. 나의 힘이 되어줄 사람들과 적극적으로 함께해야 한다. 부르디외가 우리에게 알리는 장의 메커니즘은 영원불멸한 장은 없으며 누구나 투쟁을 통해 장을 만들고 장의 권력을 가질 수 있다는 희망이다.

스타트업에는 왜 낭만이 존재할까? 자본이 적은 스타트업에게 사회적 성공은 불가능에 가깝다. 하지만 언젠가 우리의 노력이 어떤 결실을 맺을 거라는 기대감과 희망이 스타트업을 낭만적으로 만든다. 자본이 적은 우리에게 낭만은 또다른 자본이다.

힘의 역학 관계로 결정된 한 상태 속에서 장을 특징짓는 특수한 권위나 권력의 토대가 되는 특수 자본을 독점하고 있는 사람들은 보전 전략을 지향하는 경향이 있다. 문화적 재화의 생산 장에 있어서 그들은 정통을 방어하고자 한다. 반면, 자본이 가장 결여된 사람들(장에 들어온 지 얼마 되지 않은 새내기거나 젊은 사람이 대부분이다)은 전복의 전략, 이단의 전략을 추구하는 경향이 있다.♦

♦   피에르 부르디외, 김동일 저, 커뮤니케이션북스, 2016

4장

취향 독립

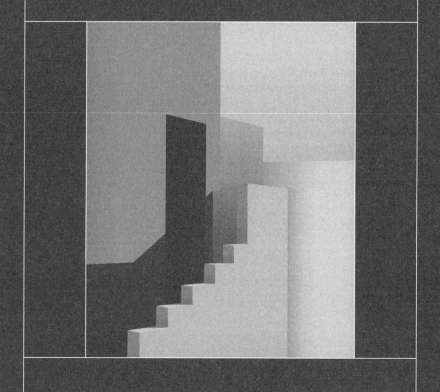

1

❖

나의 취향을 사랑해 줄 것

나는 꽤 어린 나이에 컴퓨터를 선물 받았다. 당시의 대통령이 한국을 세계에서 컴퓨터를 가장 잘 쓰는 나라를 만들겠다는 포부를 밝혀서인지, 컴퓨터실에만 있던 컴퓨터가 국민 PC라는 이름 아래 가정마다 활발히 보급되기 시작했다. 보급형 국민 PC의 가격은 약 100만 원 정도였다. 가격을 낮췄다고 하지만 평범한 가정이 구매하기에는 여전히 비싼 가격이었다.

그때 우리 집 사정이 넉넉하지 않았기에 나는 컴퓨터를 갖고 싶다는 기대를 품지 않았다. 아버지가 무슨 돈으로 그리고 어떤 이유로 컴퓨터를 사 오셨는지 궁금했지만, 설레는 마음이 앞서 그 자세한 사정에 대한 궁금증은 금세 잊었다. 그날 이후로 밤을 새워서 컴퓨터를 했고 더 잘하고 싶은 마음에 컴퓨터 학원도 다녔다.

그렇게 지내며 어느새 컴퓨터 관련 자격증만 5개를 취득했다. 이 기세를 몰아 컴퓨터공학을 전공하며 코딩을 배웠다면 좋았겠지만 막상 대학에서 전공을 선택할 때 영어로 비즈니스를 하는 모습을 꿈꾸며 영문과를 선택했다. 아버지가 사 온 컴퓨터가 코딩 잘하는 컴퓨터 공학도로 만들어줬다면 고액연봉자가 되었을 수도 있겠다는 상상을 수시로 했다. 시대의 흐름 앞에 개인의 선택은 사소하다. 비록 개발자가 되지는 못했지만 컴퓨터를 일찍 접한 덕분에 IT에 밝은 문과생이 되어 성장하는 IT산업에 무난히 합류할 수 있었다. 어찌 되었든 나의 의지와는 상관없이 국가의 시대정신과 아버지의 투자가 맞물려 나의 직업에 큰 영향을 미쳤다. 이처럼 가족의 배려, 사회적 분위기, 개인의 능력이 어우러져 다채로운 형태로 우리는 각자의 삶을 발전시켰다. 사람의 생김새가 모두 다른 것처럼 각자 다른 변수의 환경을 맞이하고 적응한다.

하지만 우리는 성공한 삶을 떠올릴 때 비교적 뚜렷한 하나의 길을 떠올린다. 남들이 우러러보는 집단에 속하고 그 집단에 속하기 위해 끊임없이 상징을 획득하는 과정을 만들어 낸다. 내가 성장할 때의 상징은 명문고등학교였다. 내가 살았던 천안에는 한화의 초대 창업주가 세운 사립 명문고인 북일고등학교가 있다. 한화의 막강한 지원을 받는 야구부를 운영하고 있어 야구 유망주를 배출하는 학교로도 유명하다. 지역을 대표하는 명문고는 어느 지역이나 존재한다.

이곳에 보내기 위해 인근 지역에 사는 부모들은 고등학교 근처로 이사를 할 정도로 경쟁이 치열하다.

이렇게까지 노력하는 이유는 무엇일까? 부르디외는 제도화된 문화 자본인 학벌이 계급 상승의 사다리로서 공고한 역할을 한다고 판단했다. 우리를 타인과 구분하는 가장 효과적인 상징이기 때문이다. 그리고 각자의 위치를 정당화하기 위해 하위계층을 만들며 그 때문에 상위계층은 그냥 가만히 있어도 높은 곳에 서 있게 된다.

그런데 어렵게 명문고에 진학한 학생들의 경쟁은 고등학교에 입학하는 것으로 끝나지 않는다. 이들은 다시 전국 상위 10%에 들기 위해 서울에 있는 대학으로 진학하고 대학을 졸업하면 다시 서울 상위 10%에 들기 위한 경쟁이 계속된다. 각각의 단계마다 누군가는 올라가고 누군가는 멈춰 선다. 명문고를 나와 더 높은 곳에 도달하지 못한 학생뿐 아니라 명문고에 진학하지 않은 학생 대다수도 각자의 자리에서 최선의 선택을 하며 삶을 살아간다.

노력에 집중하게끔 만드는 환경은 개인이 선택할 수 있는 문제가 아니며 최소한의 환경마저 보장받지 못하는 개인은 노력을 포기할 수밖에 없다. 우리는 각기 다른 결핍 속에 최선의 노력을 하며 살아간다. 그러므로 지금 서있는 자신의 위치를 스스로 더 존중하고 사랑해 줄 필요가 있다.

상위로 가는 길에서 탈락했다고 열등감에 빠져 스스로를 빈민, 소수자, 흙수저 등으로 규정한다면 손발이 잘린 사람처럼 무기력에 빠지고 자신의 권리를 주장할 언어를 잃게 된다. 그리고 권력을 가진 소수의 지배를 받아들이기 쉬운 상태가 되어버린다. 우리를 무기력하게 만드는 감정의 감옥에서 벗어나려면 자신을 규정짓는 계층에서 벗어나 내가 몸담은 사회를 사유하고 자신을 성찰하는 과정이 필요하다.

삶을 혐오하는 마음에서 벗어나는 방법

'성찰'이라는 단어는 자신을 스스로 돌아보며 반성한다는 의미를 가지고 있다. 그리고 더 나아가 스스로를 객관화하여 존재를 탐구하고 이해하는 과정을 뜻하기도 한다. 부르디외의 학문은 개인의 성찰을 위한 강력한 자기 분석 도구다. 개인에서 시작된 성찰은 나와 타인의 관계를 다면적으로 바라보는 사회적 성찰로 이어지도록 돕는다. 타인과 나를 비교하는 1차원적 비교는 상처와 혐오를 남기지만, 사회 구조에서 나와 타인의 관계를 정립하면 자기혐오에서 벗어나 우리가 분노해야 할 대상을 명확하게 만들어 준다.

부르디외가 밝힌 취향의 계급화 현상은 사회과학기법을 통한 조사 데이터를 토대로 하기에 강력한 설득력을 가진다. 부르디외의 이론을 접한 독자들은 태어났을 때부터 정해진 자본의 격차가 더욱 커지고 있는 현시대에서 사실상 계층 이동이 불가능하다고 느껴 먼저 절망할지도 모른다. 하지만 부르디외는 자신의 지식이 자기 징벌적인 방법으로 이용되기를 원하지 않았다. 그의 학문은 단순히 '취향은 계급이다'라는 주장을 증명하는 것에서 끝나지 않는다. 사회가 형성한 계급화에 종속되어있는 사람들이 스스로 성찰하면 벗어날 수 있음을 알리고 싶어 했다. 개인이 할 수 있는 노력은 바로 나를 둘러싼 사회 구조를 이해하고 나에게 상처를 주는 일들이 발생한 구조적인 원인을 들여다보는 것이다. 이 과정은 상처를 객관화하여 나와 상처를 분리하는 치유의 과정이다. 그리고 자신을 혐오하는 것에서 벗어나는 과정이기도 하다.

독서 모임에서 전자책 리더기를 사용하는 나에게 한마디씩 하는 사람들이 많았다. 당시 전자책을 읽는 사람이 희소했던 시기였기에 대체로 리더기를 처음 본다, 만져보고 싶다 등의 반응이 주를 이뤘지만 개중에는 이런 사람이 있었다. "저는 전자책은 별로인 것 같아요. 책을 넘기는 느낌과 종이에서 나는 향이 너무 좋거든요. 전자책으로 한 번 읽어보니 머리에 잘 남지 않더라고요." 그런 말을 들을 때면 나는 상처받은 마음에 그를 혐오하며 속으로 '종이책 변태'라고 치부했다. 그리고 그도 아마 나를 '별종'이라고 여겼을 것이다. 아무것도 아닌 일에 내가 상처받는 이유는 나에게 전자책은 단순한 취미가 아니기 때문이다. 전자책은 나에게 직업이고 또 나의 미래 가치다. 전자책을 부정하는 일은 나의 미래를 부정당하는 것과 같은 아픔이었다. 하지만 그는 나의 직업이나 내가 전자책을 선택한 배경에 대해 전혀 알지 못했다. 단순히 각자가 경험한 가치로만 상대의 취향을 판단할 뿐이다. 작은 희망을 바라보고 벼랑 끝에 매달려 있는데 그 모습을 보고 사람들이 조소를 짓고 있다는 느낌을 받을 때면 그 대상을 혐오하는 방향으로 나를 방어했다. 문제는 타인에 대한 혐오가 결국 자기 자신을 혐오하는 것으로 이끈다는 것이다. 자기혐오는 타인이 인정해 주는 멋진 성취에 도달하지 못하고 마이너한 취향에 머물러있는 자신을 자책하는 마음에서 오기도 한다.

이처럼 누군가를 혐오하거나 나 자신을 혐오하는 일은 자신의 취향을 부정당했을 때 생긴다. 이때 스스로를 되도록 객관적으로 바라보는 훈련이 필요하다. 지금 우리가 서 있는 곳은 우리가 선택할 수 있는 최선의 노력 끝에 도달한 자리다. 그 자리가 마음에 들지 않는다고 스스로를 비난한다면 아무도 도움을 줄 수가 없다. 내가 가지고 있는 자본의 총량을 가늠해 보고 현시점에서 사회가 나의 자본에 어떤 값을 매기는지 파악하면 나의 위치가 점차 드러난다. 여기서부터 시작하면 된다. 내가 도달하고 싶은 위치가 경제적 성공인지 사회적 명성인지 문화적 인정인지를 고민해보자.

천안이라는 사회에서 컴퓨터를 선물 받고 영문학을 전공해 전자책 MD와 콘텐츠 사업 담당자로 일하고 있는 나의 모습이 아주 자랑스럽거나 멋지다고 생각하지 않는다. 이미 주입된 사회적 성공에 대한 천편일률적인 기준이 자리 잡고 있어 만족의 기준이 높아졌기 때문이다. 하지만 기억 속에 선명히 남아 있는 소중한 경험과 순간

순간의 선택이 지금까지 없었던 특별한 개인을 만들어 준 것은 틀림없다. 이처럼 과거의 나를 선명히 인식하는 과정을 통해 지금의 자리를 더 소중하고 귀하게 인지할 수 있게 되었다. 나의 취향을 사랑해 줄 준비를 마쳤다면 이제는 더 멋진 상징을 내 것으로 만드는 여정이 기다리고 있을 것이다.

2

당신의 19호실을
응원한다

〈이번 생은 처음이라〉라는 드라마가 있다. 인간관계가 서툴고 어딘가 부족한 사랑스러운 주인공들이 조금씩 상대의 취향을 알아가며 성숙한 관계를 맺어가는 이야기다. 도리스 레싱의 단편선인 『19호실로 가다』를 이 드라마 속 주인공의 소개로 자연스럽게 알게 되었다. 두 사람이 덤덤하게 나누는 19호실에 대한 이야기는 마치 내가 가지고 있는 마음의 방과 너무나 닮아 있었다. 이 책을 꼭 읽고 싶었는데 이미 오래전에 절판된 책이라 구하기가 어려웠다. 그래도 명색이 업계 종사자인데 절판 도서라고 포기할 수 없었다. 주변 동료들에게 책을 수소문해 빌릴 수 있었다. 어렵게 빌린 책은 금세 읽었다. 책을 돌려주면 이야기도 떠나갈까 봐 단편소설을 타이핑하여 문서로 옮겼다. 언젠가 생각나면 두고두고 꺼내 보기 위해서다.

그날의 여운은 지금까지도 생생하다. 『19호실로 가다』를 읽고 가슴이 먹먹해 한동안 감정의 소용돌이를 가라앉히기 위해 가만히 눈을 감아야 했다. 19호실이라는 강력한 상징은 마치 그 이야기가 나의 이야기처럼 느껴지게 만했다. 『19호실로 가다』는 다행스럽게도 그로부터 1년 후 재출간되어 지금은 쉽게 구할 수 있게 되었다.

어느 정상 가족의 비정상적인 이야기

『19호실로 가다』에 주인공으로 나오는 수잔은 네 명의 아이를 둔 평범한 부인이다. 아이들이 뛰어놀 수 있는 마당이 있는 단독주택에 살고 있고 좋은 차도 가지고 있다. 수잔의 남편은 다정했고 안정적인 직장에 다니고 있다. 모든 면에서 평범하다고 느낄 수 있을 정도로 수잔은 완벽한 가정을 이루고 있었다. 수잔의 막내 아이가 곧 학교에 들어가면서 그녀에게 오전 9시부터 오후 4시까지 자신의 정체성을 찾을 수 있는 자유 시간이 찾아온다. 하지만 그녀에게 찾아온 공백의 시간은 오히려 무기력했고 혼란스러웠다. 그녀는 다시 결혼 이전의 수잔으로 돌아가지 못했다. 그러다 어느 허름한 호텔의 19호실을 찾게 된다.

그녀는 이 작은 방에서 진정한 자유를 찾는다. 한 시간 동안 곰팡이가 핀 벽에 무늬를 살펴도 창문을 통해 지나가는 사람을 물끄러미 관찰해도 아무도 자신에게 뭐라고 하는 사람이 없었다. 이곳은 그녀가 오직 그녀로서 존재할 수 있는 유일한 공간이었다. 수잔은 매일 같이 그곳에 방문했고 그곳을 빌리기 위해 남편에게 돈을 받았다. 부인의 행동이 점점 이상해지자 남편은 수잔이 바람을 피운다고 생각하고 그녀를 미행하고 추궁한다. 남편의 추궁으로 19호실이 드러날 위기에 처한 수잔은 절망했다. 거짓으로 바람을 피우는 것을 인정하는 것보다 자신의 이상행동을 설명하는 게 더 어려운 일이었다. 그래서 19호실에 관해 설명하는 것보다 더 쉬운 길을 선택한다. 수잔은 결국 거짓으로 자신의 불륜을 고한다.

이들 부부는 자신들이 항상 현명한 선택을 해온 사람이라는 자부심을 가진 존재들이었다. 자신이 어딘가 고장 났다는 표현을 써본 적이 없는 지성인들이었다. 그들의 삶은 너무나도 완벽해 보이지만 수잔 개인의 삶은 금이 가고 있었다. 가족 단위에서의 수잔 개인의 실금은 약간의 염려 그 이상도 이하도 아니다.

이야기 곳곳에서 드러나는 수잔의 감정선은 묘하게 사람을 긴장시켰다. 몇 가닥의 실금으로 시작한 수잔의 마음은 이야기 후반부에 와서는 거미줄처럼 촘촘한 실금으로 뒤덮여 금방이라도 깨질 것 같았다. 그녀의 위태로움은 오직 독자만 느낄 수 있다. 저자인 도리스 레싱은 우리들 마음 깊숙이 숨겨져 있는 취향의 방 '19호실'을 소설 속 볼품없는 호텔 방에 옮겨 놓고 각자의 19호실을 계속 떠오르게 했다. 세상은 때때로 형언할 수 없는 일들로 가득하다. 하지만 우리는 설명할 수 없음을 비정상이라고 치부하고 두려워한다. 그럴 때 우리는 수잔과 같은 선택을 하곤 한다. 더 이상 설명할 힘도 되돌이킬 기회도 남지 않아 상대방이 이해하는 수준으로 결말지어 버리는 것이다.

마음의 성역 '19호실'

「19호실」은 결혼한 여성이 감당해야 하는 사회적 의무와 한 인간이 자신의 존엄성을 찾기 위한 노력의 충돌을 다루고 있다. 「19호실」의 저자 도리스 레싱은 그녀의 작품 초기부터 꾸준히 사회의 억압과 강요로 주체적이지 못한 여성의 삶을 그려낸 여성주의 작가다. 또한 그녀는 결혼제도, 계급사회, 자본주의와 공산주의 속에서 고뇌하는 개인의 삶을 풀어내는 일에 탁월한 작가이기도 했다. 여성의 삶을 다룬 19호실이라는 이야기를 마주하고 남성인 내가 감정을 이입할 수 있었던 이유는 성별의 구분을 넘어 개인의 회복 능력을 잃어버린 현대인들이 처한 상황이 19호실의 수잔과 크게 다르지 않다고 느꼈기 때문이다.

　우리는 오랫동안 계급과 세대 그리고 사회 구조적인 관계의 권력으로 인해 스스럼없이 개인의 내밀한 취향을 침범당해 왔다. 나만의 공간 19호실에 대해 이제는 충분한 고민이 필요한 사회에 진입한 것이다.

우리들의 19호실은 다양하게 해석될 수 있다. 나의 은밀한 취향이 담겨있는 곳, 기억하고 싶지 않은 상처가 담겨있는 곳, 사회적 기준에서 어긋나 있는 것들이 19호실에 가득 담겨있을지도 모른다. 이곳은 오직 나 자신만 이해하고 접근할 수 있는 마음의 성역이기 때문이다. 장영희 교수의 『문학의 숲을 거닐다』를 보면 '마음의 성역 Sanctity of the Human Heart'이라는 말이 나온다. 고전 작품인 『주홍 글씨』에 나오는 말로, 세상에서 가장 용서받지 못할 죄는 타인이 가지고 있는 마음의 성역을 침범하는 것이라고 한다. 성역으로 해석된 'sanctity'의 의미는 존엄과 신성함을 뜻한다. 인간으로서 존엄성을 훼손 받지 않을 최소한의 영역이 있고 그 영역은 어떤 경우에서든 존중되어야 한다. 누구에게나 침범당하고 싶지 않은 개인의 사생활 혹은 개인의 역사가 있기 마련인데 우리는 서로를 그만큼 존중하고 있지 않다. 19호실 안에 있는 나의 취향은 누군가의 이해가 필요한 영역이 아니라 누구도 침범하지 못하는 불가침의 영역일지도 모른다.

가장 친밀한 타인으로부터의 독립

19호실은 내밀한 마음의 공간이지만 외적인 공간의 영향을 받는다. 내적 공간이 충분히 형성되기 위해서는 외적인 공간의 확보가 필요하다. 나는 꽤 오래전 가족 문제로 힘들었던 시기를 겪었다. 한국 사회에서 가족 문제는 의례 경제적인 문제로 귀결된다. 함께 사는 가족의 일원으로서 어떤 역할을 해야 한다고 생각했고 가족도 나의 역할에 대해 당연하게 생각했다. 하지만 이제 막 대학에 입학한 나는 아무 역할도 할 수 없는 무기력한 성인이었다. 가족과 내가 분리되었다면 조금 나아졌을까? 그 당시 나만의 방이 있었지만 아무 도움도 되지 않았다. 가족과 함께 사는 집에 문이 달린 특정 공간은 너무나 쉽게 허물어진다.

『19호실로 가다』에서 수잔의 가족은 다른 가족이 사용하지 않는 다락방을 힘들어하는 수잔을 배려하기 위해 그녀만의 공간으로 지정한다. 처음에는 가족들도 조심하는 듯했지만 결국 가족들이 들락거리며 방의 용도는 유명무실해졌다. 그곳은 수잔의 19호실이 아닌 엄마가 머무는 엄마의 방에 불과했다.

가족은 단지 가족이라는 이유로 쉽게 선을 넘는 경우가 많다. 때로는 공간이고 때로는 참견이고 때로는 경제적인 것들이 침범받는다. 결국 가족은 나와 가장 친밀한 타인일 뿐이라는 것을 깨닫고 그 관계에서 벗어나기까지 큰 노력이 필요했다. 나는 무기력함에 벗어나기 위해 결국 집을 떠났다. 대학교 기숙사로 들어오면서 처음으로 가족과 거주지가 분리된 독립생활이 시작되었다. 물리적인 공간의 분리는 효과가 좋은 처방이었다. 성적은 올랐고 다양한 대외 활동에 집중할 여유가 생겼다. 그리고 가족과의 관계도 차츰 회복할 수 있었다. 그들을 이해할 수 있는 공간과 시간이 생겼기 때문이다. 가족과의 분리는 나를 고민하게 하는 문제가 나의 방문을 활짝 열고 들어오지 못하도록 나의 공간을 만들고 지켜내는 첫 계기가 되었다.

타인으로서 존중하는 관계

19호실 이야기는 단순히 공간에 대한 이야기만은 아니다. 19호실이 필요한 상대와의 관계를 맺는 것에 관한 이야기이기도 하다. 나는 친밀하지만 투명하지 않다. 사람들은 투명하고 솔직한 사람을 좋아한다고 하지만 티 없이 맑은 마음은 깨지기 쉽다. 언젠가 나의 친밀한 지인이 나에 대해서 알고 싶다고 했을 때 시간을 들여 그에게 많은 얘기를 해주었지만, 상대는 공유된 것에 만족하지 않았다. 어쩌면 상대는 자그마한 상처부터 드라마틱한 사연이 필요했을지도 모른다. 하지만 내게는 꺼내고 싶지 않은 이야기도 있고 시간이 필요한 이야기도 있다. 어떤 내밀한 사연은 꺼내진 순간 해결해야 할 대상으로 떠오르기 마련이다. 19호실 안에 있는 문제들은 답을 찾을 수 없는 것들로 가득하기에 해결하기보단 내려놓기로 한 문제들이 대부분이다.

장 폴 사르트르와 시몬 드 보부아르는 서로의 자유를 존중하기 위해 연인 사이면서도 호텔 방을 따로 얻어 지냈다. 많이 싸우고 많이 헤어졌지만 결국 죽어서는 나란히 묻히기를 원했다. 고비가 많았던 두 사람인데 둘을 마지막까지 하나로 묶어준 것은 무엇이었을까? 관계가 흔들리던 시절에 보부아르는 이런 글을 남긴다. '그는 나의 영혼을 이해해 주고 나의 지성을 발견했으며 성장시켜 준 사람입니다. 그와 나누는 대화를 다른 사람과는 나눌 수가 없습니다. 나는 그를 떠날 수 없습니다.' 이들은 서로를 타인으로서 존중하는 관계로 받아들였다. 상대의 과거를 소유하기보단 서로의 미래를 응원하는 관계로 남는 것에 만족했다. 단지 연인으로서 관계를 한정 짓지 않고 서로에게 다양한 역할을 부여하는 삶의 동료였다. 이들이야말로 가장 친밀한 타인이었다.

나만의 방 19호실

영화를 보면 슬로우 모션으로 주인공의 방을 훑으며 이야기가 시작되는 경우가 많다. 개인의 방은 그 사람을 보여주는 모든 메시지가 숨겨져 있기 때문이다. 회사를 마치고 돌아와 육신과 정신이 쉬어가는 나의 자취방은 내면의 19호실을 외부에 표현한 19호실이었다. 나는 이곳을 내가 좋아하는 것으로 채워 나의 공간으로 만들기 위해 노력했다. 널찍한 책상과 빽빽이 책이 꽂힌 책장, 선반의 작은 자투리 공간에 주르륵 나열한 8년간 사용해 온 향수병, 클래식과 보사노

바 앨범과 CD 플레이어, 위스키 몇 병이 채워져 있는 술 진열장 그리고 벽에는 쥘 베른 『지구에서 달까지』의 삽화 프레임이 걸려있다. 이사를 할 때마다 방의 구성은 조금씩 바뀌고 확장되었는데 그때마다 딱 하나의 가구나 가전에는 돈을 투자해 좋은 상품을 구했다. 조명, 가습기, 책상, 토스터 등 작지만 나의 마음이 조금이라도 더 밝아질 수 있는 것들 선택하여 어두워지지 않기 위해 노력했다.

자취방이 충분한 19호실이 되어주지 못할 때 나는 외부에서 19호실을 찾기도 한다. 수잔이 굳이 도시 외곽의 낡은 호텔을 찾았던 것처럼 말이다. 가능하다면 멋진 환경에 1인실이 있는 곳이라면 좋겠지만 19호실을 대여해주는 곳은 없다. 결국 도심 속 19호실로 카페를 찾는 경우가 많다. 이제는 편의점보다 많아진 카페에 여전히 홀로 방문하는 사람들이 많은 것을 보면 19호실을 찾는 사람은 나뿐만이 아닌 것이 분명하다. 우리는 언제든 크게 소진되는 날을 맞이할 수밖에 없는데 그럴 때 방문할 수 있는 나만의 회복 공간은 반드시 필요하다.

개인의 회복 공간

무라카미 하루키의 『직업으로서의 소설가』를 보면 취향의 방을 '개인의 회복 공간', '개인의 오리지널리티'라고 표현한다. 사회라는 집합은 결국 사람들을 줄 세워 획일화시키고 소득이나 능력이라는 기준으로 사람들을 분류하는 작업을 한다. 하루키는 그 사회 안에서 자신만의 회복 공간을 만들어 새로운 세계를 창조하는 것으로 개인의 문제를 해결함과 동시에 자신만의 오리지널리티를 갖추었다. 그는 개인의 회복 공간으로 들어갈 때면 비틀스의 노래를 들으며 자신의 오리지널리티를 키웠다고 한다.

이처럼 취향을 즐기는 장소는 그 사람의 고유한 오리지널리티를 키우고 개인이 회복하는 공간이 된다. 우리는 대체로 사회적 의무와 책임을 다하기 위해 직장과 집을 오간다. 하지만 모두가 같은 틀 안에서 같은 규칙을 지키며 상처받지 않고 살아갈 수는 없다. 사회의 규칙은 하나고 개인의 규범은 천차만별이기 때문이다. 그러므로 제3의 장소인 개인 회복 공간을 확보해야 한다. 그 공간을 자신이 좋아하고 즐길 수 있는 것들로 가득 채워놓고 지친 나를 위로할 수 있도록 준비해야 한다.

수잔에게 19호실은 어떤 방이었을까? 그녀에게도 회복하는 공간이었을까? 그녀는 어떤 것들로 그 방을 채워나갔을까? 물리적인 장소는 어떤 세계를 만드는 촉매 역할을 한다. 그녀가 찾아간 19호실은 비록 낡고 쾌쾌한 곰팡이와 끈적한 땀 냄새로 뒤범벅이었지만, 그녀는 19호실의 그 낡은 벽지를 바라보며 자신의 새로운 삶을 상영해 봤을지도 모른다. 열정적인 광고 기획자로서 인정받는 직업인으로 사는 삶이나 커피 내음과 책 향기로 가득한 서점을 운영하며 독신으로 살아가는 서점 주인의 삶을 찬찬히 떠올려봤을 수도 있다. 어떤 삶을 보았든 새로운 삶에 대한 희망이 가득한 순간을 즐겼기를 바란다.

자기만의 방

우리는 자기만의 방을 갖기 위해 끊임없이 노력해야 한다. 세상에 만연한 침범자에게 넘지 말아야 할 선을 알려줘야 한다. 소설가인 버지니아 울프는 그의 숙모에게 매년에 500파운드라는 유산을 상속받고 나서야 자유롭게 글을 쓸 수 있는 환경을 마련하게 된다. 버지니아 울프는 숙모의 유산으로 자기만의 방을 마련하고 자신을 지킬 최소한의 공간을 확보한다. 그러자 증오와 쓰라림도 사라지고 누군가를 미워할 필요가 없게 되었다는 말을 남긴다. 그가 자기만의 방 안에 있는 동안 누구도 그를 해할 수 없다. 아무에게나 아부하거나 사정할 필요가 없다. 이처럼 사람이 사람으로서 살아갈 수 있는 최소한의 소득이 보장되고 자기 몸과 정신을 지킬 수 있는 공간을 확보한다면 더 많은 기회가 열리고 자신과 사회를 이해할 수 있는 여유가 생긴다. 그러므로 우리 모두에게는 도리스 래싱의 19호실이, 하루키의 개인 회복 공간이, 버지니아 울프의 자기만의 방이 필요하다.

3

◆

밀레니얼 세대의 저항문화
힙스터

"불완전은 완전의 상위 개념이다."

아주 오래전에 읽은 문장 중 기억에 남는 문장이 하나 있다. 도올 김용옥 교수님이 한 말이었다. 완전한 삶에 도달하면 그 완전함을 지키기 위해 부단히 애를 써야 한다. 하지만 불완전은 더 나은 완전함을 위해 조금씩 변화하고 성장하는 것으로 충분하다. 비록 완전하지 못하더라도 완전을 추구하며 나아가는 삶은 아름답다.

나는 저항이라는 단어를 좋아한다. 저항은 지금의 삶에서 더 나아질 수 있다는 희망을 내포하고 있다. 무급인턴을 하며 신생 협회에 몸을 담고 10년을 넘게 스타트업을 다니며 계속해서 신사업에 도전하는 이유는 단순히 고통을 즐겨서가 아니다. 기득권과의 경쟁을 회피하고 끊임없이 나의 기득권을 형성하기 위한 투쟁의 과정이다. 저항 정신은 아무런 상징을 물려받지 못한 사람이 애써 상징을 만들어나가는 불완전한 삶을 살아가는 데 꼭 필요한 호신술이다.

저항을 가장 멋지게 표현하는 문화 집단이 있다. 바로 '힙스터'다. 힙스터는 어떤 모임이나 단체가 아니다. 대중의 일반적인 취향을 따르지 않고 자기만의 고유한 양식을 만들고 지켜나가는 개인의 정체성을 뜻한다.

나는 지난 몇 년간 부르디외를 공부하며 그가 철학과 사회학으로 무장한 힙스터라는 생각을 했다. 사투리를 쓰는 시골 출신의 소년이었던 부르디외는 영재로 인정받아 파리고등사범학교를 다녔지만, 프랑스의 주류 사회에 속하는 사람들로부터 소외당하고 무시당했다. 하지만 그는 자신이 속한 학문의 장에서 계속 탐구하고 공부하여 프랑스 최고 지성인의 반열에 오르며 스스로 증명하는 삶을 살았다. 부르디외는 학자로서의 성공에 멈추지 않았고 자신의 삶을 관통한 계급의 사회학을 끝까지 파고들었다. 수천 명의 프랑스 시민을 조사하고 인터뷰하며 발견한 계층별 취향의 동질성을 정리한 그는 기어코 현대인의 호신술인 『구별짓기』를 남겼다. 부르디외처럼 부단히 자신만의 고유한 양식을 만들어 내는 사람, 남들의 무시와 오해를 뒤로하고 결국 자신만의 위대한 걸작을 남기는 사람을 나는 힙스터라고 부른다.

힙스터는 어떻게 저항의 아이콘이 되었는가?

* 힙스터 : 주류에 편승하지 않고 자신만의 관점으로 세상을 해석하는 불완전한 사람들

    힙스터의 힙hip은 '~에 대해서 잘 알다'라는 뜻을 가진 단어로, 자기만의 스타일을 만들고 그 고유성을 즐기는 사람을 지칭한다. 힙스터는 1940년대 미국에서 발현되었다. 당시 미국은 인종차별, 대통령 암살, 베트남 전쟁, 산업화로 인한 개인성의 소멸 등 사회적 문제가 심화하고 있었다. 불안정한 사회에 적극 대항하는 의식을 가진 청년세대가 주류 문화에서 벗어나 아프리카계 미국인이 주로 즐기는 재즈를 탐닉하고 재즈 뮤지션이 즐겼던 대마초를 따라 피며 재즈로부터 파생된 하위문화를 즐겼다. 재즈는 유럽의 관악기와 아프리카의 자유로운 리듬이 혼합되며 새로운 음악적 시도가 이루어진 장르였다. 클래식을 즐기는 사람들은 재즈를 변종이라며 혐오했고 시대를 즐기고 누리는 사람들에게 재즈는 자유 그 자체였다.

    힙스터와 재즈의 연결고리는 그보다 앞선 1920년대 재즈 시대에서 시작된다. 인간성의 말살을 보여주는 1차 세계대전이 끝나고 급속한 산업화로 돈을 번 상류층이 흥청망청 즐기는 물질만능주의 사회가 도래한다. 이때 파티의 흥을 돋는 재즈도 덩달아 번성한다. 미국의 젊은 지식인과 예술인은 방탕한 미국 사회에 환멸을 느꼈고 주

류 문화를 따르기보다 비판적인 태도를 보였다. 이들은 사회로부터 스스로 소외되어 어느 한곳에 머무르지 못하고 방황하였고 이 중에는 『위대한 개츠비』를 쓴 작가 F.스콧 피츠제럴드도 있었다. 사회는 이들을 잃어버린 세대라고 불렀다. 사회적 상실감을 안고 주류 문화에 반감을 품는다는 점에서 이들은 힙스터의 시초라고도 볼 수 있다.

조용한 세대와 밀레니얼 세대의 충돌로 태어난 2세대 힙스터

1950년 미국은 2차 세계대전을 거대한 마켓으로 이용해 빠르게 부를 축적했다. 당시 미국 정부는 뉴딜정책을 통해 기업과 손잡고 규모의 경제를 키웠고 대기업들이 들어서며 대다수가 회사원이 된다. 이를 계기로 미국의 대중들은 미국 경제가 가장 역동적인 시기에 오히려 개성이 없는 무채색의 '조용한 세대'라는 별명을 얻게 된다. 이렇게 변모하게 되는데 여기에는 세 가지 이유가 있었다.

첫째, 포드와 제너럴모터스 등 대기업의 탄생이다. 종전 후 미국은 물건을 대량으로 찍어낼 수 있는 대기업을 육성했고 대기업에 고용된 국민이 많아질수록 덩달아 중산층도 빠르게 늘어나 전반적인 삶의 질이 향상되었다. 대중은 점점 기업에 종속될 수밖에 없었고 나아가 기업의 생산성에 대한 가치를 맹목적으로 따르게 된다. 영화 〈모던 타임스〉와 같이 인간의 존엄성은 말살되고 생산과정의 부품으로서 존재 가치를 찾는 것이다.

둘째, 대중매체의 보급으로 평균의 삶이 높아지는 것이다. 이 시기에 본격적으로 TV와 신문이 보급되며 대중 여론이 조성되었다. 사람들은 TV를 통해 중산층의 평균적인 삶을 비교할 수 있었고 그 평균 안에 안착하기 위해 발버둥 치기 시작한다. 기업들은 얄팍한 술수로 대중의 욕망을 자극해 소비를 부추기는 콘텐츠를 만들어 냈고, 언론은 대중의 횃불이 되기보다 대중을 선동하는 도구로 전락했다. TV 출연 여부는 주류와 비주류를 가르는 중요한 기준이 되었고 이는 곧 문화 권력의 탄생을 의미한다.

셋째, 아이들을 표준화시키는 교육이다. 풍요의 사회 안정된 삶 속에서 아이들의 진학률이 높아졌다. 이를 관리할 교사와 인프라가 부족해지자 깊이 있는 교육보다 효율적인 교육을 중시했고 한 명의 선생이 가능한 많은 아이를 맡아야 했다. 당시 기존의 교육철학은 낡았다고 하여 실용 중심의 과목(기술, 가정, 요리 등)으로 재편되었다. 경험으로 배워야 할 부분까지 표준화된 교육으로 받은 것이다. 사람의 지능에 점수를 매기는 IQ 테스트 또한 이때 도입되어 학생들을 수준별로 나누어 관리하기 시작했다. 결국 교육은 아이들을 평평히 눌러 담는 폭력적인 표준화 작업에 앞장섰다.

사회 분위기는 개인 중심에서 나를 지켜주는 기업, 정부, 학교 등을 위한 단체 중심 문화로 옮겨 갔다. 사람들은 자신이 속한 단체에서 이탈하지 않는 것을 최고의 가치로 여겼다. 결국 풍요의 사회는 타인과 나를 비교하며 안도감을 찾는 소시민을 키웠다.

이 현상은 그대로 한국 사회에 옮겨졌다. 전쟁 이후 폐허가 된 한국이 재건될 때 미국의 자본주의와 교육제도가 유입되었기 때문이다. 국가와 대기업을 우선시하고 물질만능주의에 빠진 조용한 세대는 심지어 1950년~1960년 베이비 붐 시기를 거쳐 커다란 인구 권력까지 형성히게 되었다. 전쟁이 끝난 직후 가장 평등했던 시기에 그들은 자본 획득의 기회를 독차지했다. 평균이 없던 사회에서 평균적인 교육과 평균적인 삶의 기준을 만들어 냈다. 조용한 세대가 만든 사회는 다음 세대를 움켜쥐는 통제의 사회였고 조용한 세대가 가진 것을 아주 조금만 분배해도 되는 약탈의 사회였다.

자신의 취향보다 사회적 통념과 집단의 위계가 우선시되었던 조용한 세대의 시기를 지나 인터넷과 네트워크의 발달로 자신의 취향을 빠르게 형성하는 밀레니얼 세대가 등장한다. 80~90년생인 밀레니얼 세대는 이전 세대보다 균질적으로 좋은 교육을 받았다. 하지만 밀레니얼 세대가 가질 수 없는 것이 있었다. 그건 이미 기성세대가 점유한 부동산 자본과 금융 자본이다. 2022년도 주거 실태조사와 주택 소유통계에 따르면 70대는 주택 소유율은 70%이고 40대 이하 가구의 주택 소유율은 37% 이하다. 이중 청년(19~34세)의 82.5%가 세입자로 살고 있다. 결국 청년 가구는 국가의 보호 없이 주택 자본을 독식한 소수의 임대인에게 구조적 착취가 이루어지고 있다. 고령 세대를 돌보아야 할 국가의 의무를 청년이 대신 짊어지고 있는 것이다. 물론 이는 청년과 고령 세대 간의 격차로 단순화할 수 있는 문제는 아니다. 모든 고령자가 임대소득을 가질 수 있는 것도 아니고 빨라진 은퇴 시기와 노동시장의 경직으로 연령이 높아질수록 임대차 소득을 추앙하는 한국 사회의 복합적인 문제도 있기 때문이다. 하지만 부동산 자본을 먼저 독점한 세대가 기성세대인 것은 사실이고 기성세대의 부동산을 주로 임차하는 청년세대의 소득 양극화는 깊어지고 있다.

이처럼 부동산도 아파트도 일자리도 모두 조용한 세대가 먼저 가지고 있던 것을 더 비싸게 사거나 얼마 남지 않은 자원을 두고 경쟁해야 했다. 심지어 직장에서의 직책, 결혼과 출산에 대한 의식까지 기성세대가 만든 무형의 양식을 강요받는다. 안정적인 체계가 마련된 사회에서 유일한 성공은 대학 입시뿐이었고 그마저도 기성세대의 자본을 물려받은 이들에게 밀려나기 일쑤였다. 밀레니얼 세대는 바늘구멍 하나를 두고 경쟁을 했고 구멍에서 밀려난 사람들에게는 어떤 가치도 부여받지 못했다. 이들이 겨우 물려받은 것은 부모가 지어준 이름뿐이었다.

불합리한 사회의 그늘에서 탄생하는 힙스터의 특징에 따라 주거와 직업의 안정성이 불투명한 밀레니얼 세대는 대부분 힙스터의 정신을 공유한다. 특히 이들은 계층이동, 공정한 분배에 대한 불만이 컸다. 그래서 물질만능주의, 금융자본주의, 서브프라임 모기지, 4차 산업혁명 등 사회적 충격으로 기성세대와 자본의 격차가 벌어질 때마다 많은 젊은이가 월스트리트 점령 운동과 같은 시위에 참여하며 저항운동에 몸담았다. 이들은 삶의 기준을 더 이상 학교, 직장, 가족에서 찾지 않았고 자신만의 기준을 만들어 획일화된 대중문화를 대체하고자 했다. 2세대 힙스터는 그렇게 조용히 퍼져나갔다.

밀레니얼 세대의 힙스터는 1950년대 재즈와 파티를 흥청망청 즐기는 힙스터와는 달리 더 적극적으로 지난 세대와 대치하며 자신들의 문화를 창출한다. 이들이 공유하는 가치를 살펴보자.

이들은 스스로 삶의 양식을 찾는 데 몰두한다. 자신만의 취향이 없음을 경계하고 어떤 한 분야에 대해 남들보다 더 깊고 풍미 있게 즐기는 삶을 지향한다. 서핑이 좋으면 서핑에 더 푹 빠지기 위해 강원도 양양에 집을 구하고, 책과 함께 독립적인 삶을 꿈꾸는 회사원은 직장을 그만두고 독립서점을 차린다. 안정적인 것을 영원히 추구하기보다 마음이 가는 것을 즉각적으로 실행에 옮긴다. 취향을 알아가는 과정 그 자체를 즐긴다.

또한 대중문화보다 다양한 소수 문화를 받아들인다. 이들은 무턱대고 주류 문화를 따르지 않고 자신만의 삶의 기준이 명확하며 사회적 오류가 있는 문화를 방관하지 않는다. 힙스터는 미디어에서 자신들을 규정짓는 신조어를 싫어한다. 이러한 프레임은 기득권이 다수를 약자로 취급하여 그들의 권리와 권한을 축소하기 때문이다. 이들이 남들에게 잘 알려지지 않는 영화나 음악 그리고 미술을 즐기는 이유는 자신만의 특별한 안목과 가치를 키울 수 있기 때문이다. 이들이 세상에서 제일 싫어하는 것이 바로 취향을 강요당하는 것이다. 사람은 표준화될 수 없다는 메시지를 우선시한다.

마지막으로 이들이 추구하는 가치는 지속 가능함이다. 가공이 심하지 않은 식자재를 추구하고 원산지와 가까운 지역 생산품을 소비한다. 올바른 노동의 대가가 지급되는 공정무역 커피를 사서 마시고 가방은 트럭의 방수천을 재활용한 제품을 사용하며 비싼 옷과 화장품으로 자신을 감추기보다 심플한 패션과 꾸밈으로 자신을 본모습을 최대한 드러낸다. 자본주의의 불필요한 소비를 경계하고 효율을 위한 표준화에 거부감을 느낀다.

힙스터 문화는 밀레니얼 세대의 지문과 같다. 그들은 조용한 세대의 가치와 대척점에 서서 다가오는 새로운 세대의 다양성을 받아들일 준비를 온몸으로 하고 있다. 밀레니얼 세대는 조용한 세대의 들러리가 아니라 주체적인 세대로 태어나기 위해 저항의 지문을 계속 만들어가고 있다.

힙스터 아이러니

해방촌에 자리 잡은 4평 정도 되는 독립서점에서 시집을 꺼내 읽고 있는 수염을 기른 멋진 청년에게 "당신은 힙스터인가요?"라고 묻는다면 순수하고 멋쩍은 미소로 아니라는 대답을 할 것이다. 한국 사회에서 유별난 외모나 독특한 취향을 발산하면 오히려 주류 문화에 익숙한 계층이 비난에 동참하기 때문이다. 또한 그들은 홍대나 성수에서 맘껏 문화를 소비하며 임대료를 치솟게 하고 그에 따라 전반적인 상품의 물가를 올리는 젠트리피케이션 현상이 유행을 좇는 힙스터 때문이라고 모함한다. 하지만 힙스터는 상권을 활성화했을 뿐이지 해당 상권의 임대료를 올리지도 않았고 음식값을 올리지도 않았다. 결국 땅과 건물을 가진 지주와 자본을 가진 조용한 세대의 욕심이 애꿎게도 실체가 없는 힙스터에게 옮겨간다.

이처럼 개념은 있는데 실체가 없는 힙스터가 존재하는 이유는 무엇일까? 힙스터의 조건이 외향적인 것에 있지 않고 그들이 공유하는 시대정신에 있기 때문이다. 그러므로 그 누구도 힙스터인 것을 증명할 수 없다. 누구도 자신을 스스로 힙스터라 부르지 않는다.

우리에겐 누구나 힙스터였던 시기가 있다

자신만의 새로운 문화를 만드는 사람, 더 나은 답을 찾기 위해 노력하는 사람, 저항문화의 아이콘, 자신의 취향과 개성을 찾아가는 과정, 스스로 소명을 갖고 사는 사람 등등 온통 예쁜 정의로 힙스터들을 응원하는 이유는 나 또한 그들의 일원이기 때문이다.

과거 힙스터들은 단순히 놀림의 대상이었다. 이상한 패션을 추구하며 이해할 수 없는 취향을 가진 젊은이들로 여겨졌다. 이들이 상대적으로 쉽게 비난받는 이유는 기성세대보다 경제적으로 가난해 스스로 대변할 권력이 없어서이고, 미래가 없는 것처럼 행동하는 젊은 세대 특유의 불완전함이 여과 없이 노출되기 때문이다.

남들과 다르기 위해 애써 노력하는 모습은 아름다운가? 아름답지 않다. 때로는 애처롭고 추할 때도 있다. 질문을 바꿔보자, 남들과 같기 위해 애써 노력하는 모습은 아름다운가? 모두가 평균적으로 좋아 보이는 얼굴로 성형하고 같은 브랜드의 옷을 입고 모두가 인정하는 학벌로 위장해 끊임없이 타인과 나를 비교하는 삶은 아름다운가?

어설프고 불완전하지만 언젠가 고유의 개성이 드러나는 순간이 온다. 그때는 아마도 자신과 가장 잘 어울리는 정신과 옷과 취향으로 무장되어 있을 것이다. 누구에게나 어설픈 시기는 필요하다. 취향을 갖느냐 주어진 취향에 머무느냐의 차이는 취향을 얻고자 하는 사람의 진정성으로 결정된다. 우리는 끊임없이 새로운 것과 오래된 가치를 더듬어야 한다. 스스로 흐르지 않으면 대중이라는 이름 아래 고이게 된다. 나는 지금의 힙스터들이 성공의 기준과 행복의 척도를 모두 뒤흔들어주기를 바란다.

저항은 반대편에 힘을 싣는 것이다. 힘을 싣지 않으면 반대의 힘에 나의 취향이 눌리고 만다. 취향은 끊임없이 밀고 당기는 게임이다. 부르디외는 참여하기를 권한다. 힘을 싣기를 권한다. 당신을 위해, 당신의 취향을 위해, 당신의 사람들을 위해.

4

◆

삶을 의연하게
살아가는 법

『엄마, 나는 자라고 있어요』라는 책에 따르면 갓난아이에게는 무려 10단계에 달하는 정신 도약기가 찾아온다고 한다. 이 기간은 육체와 정신이 빠르게 성장하고 인지 능력을 갖추는 기간이다. 아이는 살면서 처음으로 느끼는 감각들이 쏟아지는 것을 온몸으로 맞이하며 두려움을 느낀다. 밥도 잘 먹지 않고 잠도 잘 들지 못해 종일 울기만 한다. 힘들어하는 아이를 돌보는 부모는 어떻게 하면 아이를 달랠 수 있을지 고민하며 갖은 시도를 다 해본다. 문을 열어 온도를 낮추고 눈에 부담이 적은 주황색 조명으로 주변을 밝히고 5분에 한 번씩 기저귀를 확인하고 딸랑이를 흔들며 달랜다. 그래도 아이는 더 크게 울어 재긴다. 마지막으로 품에 푹 안고 온몸으로 체온을 전하다 보면 어느새 평화가 찾아와 있다. 그렇게 부모의 관심과 보살핌 속에 아이의 도약기가 무사히 지나간다.

성인에게는 이런 도약기가 없을까? 마치 아이가 처음 느끼는 감각을 어찌해야 할지 몰라 버둥거리는 것처럼 서른이 넘은 성인이 되어서도 어떤 삶을 살아야 할지에 대한 질문에 마땅한 준비가 되어있지 않아 혼란에 빠지는 경우가 많다. 어느 날 갑자기 어른이 된 것에 대한 두려움과 그래도 어른인데 무엇이라도 해야 한다는 압박감에 우물쭈물한다. 어른이라고 자각한 지 얼마 되지 않아 우리는 남은 인생의 모든 나날이 임박한 것처럼 걱정에 몸부림친다. 하지만 어린아이와는 다르게 청년의 도약기는 누구도 챙겨주지 않았다.

나 또한 온전히 홀로 버텨야 했다. 오랫동안 스타트업에서만 근무하다 보니 주로 나와 비슷한 청년들과 어울렸고 삶의 단계 단계를 의논할 수 있는 어른과 우정을 나눌 기회가 적었다. 성인이 되어 만난 어른들은 모두 비즈니스 중에 만난 관계이기 때문에 진정성 있는 인간관계로 발전하기 힘든 것도 있다.

다행히도 삶이 흔들릴 때 주로 위로받고 삶의 태도를 본받을 수 있었던 대상이 있었다. 의연한 삶에 대한 질문에 답을 자신의 글로 남겨 둔 작가들이다. 책은 미래에 던져질 누군가의 질문에 대한 답변이다. 그래서 단순히 사회학적인 취향의 정의를 넘어, 내가 의연한 삶을 사는 데 도움이 되었던 두 명의 작가를 소개하며 마치려고 한다.

소설가와의 인터뷰

2020년 12월 코로나가 한창이라 사회는 가라앉아 있었고 사람들의 몸과 마음도 꽁꽁 얼어있던 시기였다. 당시 전자책 서점에서 근무하던 나는 소설가와의 인터뷰를 시리즈로 진행하고 있었다. 연말에 진행하는 인터뷰는 코로나에 지친 독자들의 마음을 잘 보듬어줬으면 좋겠다는 생각에 김연수 소설가에게 인터뷰를 제안했고 흔쾌히 수락해 주셨다.

인터뷰 장소였던 홍대는 적막함이 어울리지 않는 곳이지만 그날은 유난히도 조용했다. 분위기가 그래서인지 나는 잔뜩 긴장한 상태로 김연수 작가와의 인터뷰를 준비했는데 밝은 겨자색 외투를 입고 웃으며 들어오는 소설가를 보고 긴장한 마음을 풀 수 있었다. 추자도에 있는 전교생이 스물두 명인 추자중학교에서 강연을 다녀온 이야기로 시작한 김연수 작가와의 인터뷰는 따뜻했다. 사실 이날의 인터뷰에서 내가 한 질문들은 그가 쓴 글의 독자로서 품어왔던 삶에 대한 고민이었다. 이 중에 지금까지도 생생하게 마음에 남아 있는 두 개의 질문과 답변을 소개하고 싶다.

역사를 바꾸는 위대한 소음이 되세요

『청춘의 문장들』에는 **"삶이라는 건 직선의 단순한 길이 아니라 곡선의 복잡한 길이다. 원하는 것을 원하는 순간에 얻는 삶은 얼마나 깔끔할까?"** 라는 문장이 있다. 제 뜻대로 되지 않는 것들에 대하여 자책하다가 이 문장을 읽고 빅데이터를 떠올렸다. 원하는 것을 원하는 때에 얻는 것은 마치 마법과 같다. 나는 매일 아침 오전 9시면 스마트폰으로 스타벅스 커피를 미리 주문하고 출근 전에 픽업한다. 점심에는 식당 예약 앱을 통해 기다리지 않고 입장하고 매일 저녁 8시 30분에는 퇴근 후 지하철에서 내려 앱으로 택시를 호출한다. 세 번 이상 반복되는 루틴에 기다림은 없다.

내가 지금까지 다녀온 IT 회사는 어떤가? 하나의 연결된 일을 단위로 쪼개서 관리하고 단위마다 마감일이 있다. 마감일보다 일찍 끝내거나 몇 가지 단계를 생략해도 되는 방안을 도출하면 연봉이 오른다. 회의 시간에 데이터가 없는 사람은 입을 열지 않는다. 꼭 말하고 싶은 의견이 있다면 일말의 연관성이라도 있는 데이터를 끌고 들어와 기어코 나의 주장을 증명하고자 안간힘을 쓴다. 효율 만능주의에 빠진 이 사회는 모든 것을 극도로 단순화하고 있다. 이런 식으로 일을 하다 보면 매사에 효율을 추구하는 직업병에 걸리고 만다. 자잘한 데이터는 무시하는 버릇이 생기고 일정하게 한 방향으로 흐르는 거대한 데이터 덩어리만 찾는다. 갑자기 튀거나 이상한 위치에 찍혀 있는 난삽한 점은 정답을 가리는 노이즈로 보고 모두가 예측 가능한 덩어리만 해석하려고 한다. 그래서 나는 김연수 소설가에게 물었다. "예측 가능한 삶을 추종하는 사회는 행복한 사회일까요?"

"네이트 실버의 『신호와 소음』이라는 책을 보면 빅데이터가 정보를 수집할 때 신호와 소음을 구분해야 한다고 합니다. 사람들의 행동 패턴은 정해져 있어요. 저도 마찬가지고요. 집값이 내려가면 다들 집을 사려고 하죠. 그런데 안 사는 사람도 있어요. 이런 사람들을 빅데이터는 소음으로 봐요. 저는 소설가입니다. 신호보다는 소음에 관심이 많아요. 평소에 열심히 출퇴근하던 사람이 어느 날 갑자기 반대 방향으로 지하철을 탔다면 그때부터 이야기가 시작됩니다. 돌연변이 같은 거죠. 이런 변화는 결국 수동적으로 분리해야 하는데 빅데이터는 돌연변이를 무시하죠. 소설가는 이런 돌연변이에 관심이 많아요. 빅데이터가 발전하면 앞날도 예측 가능할 것 같아요. 내일 제가 어디에 있을지는 90%는 맞출 수 있겠죠. 앞으로는 그런 사회가 되겠지만, 결국에는 계속 변종이 나올 것이고 변종에 의해 역사가 바뀔 것이라고 봐요. 기술이 잡지 못하는 부분에서 의미 있는 일이 나올 것 같아요. 인간의 무리는 상업적인 데이터가 될 수 있지만, **개별적인 인간은 역사를 바꾸는 위대한 소음이 될 수 있습니다.**"

곰곰이 생각해 보면 대체로 소설의 주인공들은 평범한 데이터였다. 그러다 반대로 가는 지하철을 타면서 루틴하게 출근하는 데이터 무리에서 벗어나 소음이 된다. 그 소음은 자기만의 이야기가 시작되는 것을 알리는 효시다. 그동안 소설을 읽으며 내가 왜 그토록 소설 속 주인공들을 응원했는지 알 것도 같았다. 그들의 자유가 그들의 소음이 아직 데이터에 머물러있는 나에게 카타르시스를 안겨주고 있기 때문이다. 항상 조금이라도 소음이 될 방법을 고민했다. 스타트업을 선택하고 종이책이 아닌 전자책 산업을 선택한 이유는 대세의 데이터에서 조금이라도 벗어나 새로운 이야기를 쓰고 싶었기 때문이다. 지금 우리에게는 소음에서 시작해 새로운 길로 나아갈 용기가 필요하다. 그리고 개인이 용기를 갖기 위해서 사회는 여러 번의 기회를 줄 필요가 있다. 실업급여도 그런 기회 중 하나다. 구직자에게 최소한의 기회를 보장하는 사회적 제도를 '시럽급여'라고 비아냥거리는 사람보다 우리를 위대한 소음이라고 응원하고 존중하는 소설가가 더 필요한 시기다.

취향을 혐오하는 시대에 타인을 이해하는 법

"나는 다른 사람을 이해한다는 일이 가능하다는 것에 회의적이다. 우리는 대부분 다른 사람들을 오해한다. (중략) 내가 희망을 느끼는 건 이런 한계를 발견할 때다. 우린 노력을 하지 않는 한, 서로를 이해하지 못

한다. 이런 세상에 사랑이라는 게 존재한다. 따라서 누군가를 사랑하는 한, 우리는 노력해야 한다."♦

지금 그리고 인터뷰를 진행하는 당시에도, 사람을 혐오하게 만드는 사회적 이슈들이 봇물 터지듯 터져 나오고 있다. 이 문제는 미디어가 발달함에 따라 본래 있었던 일들이 더 명확히 다가오기 때문도 있지만, 집단의 목표에 개인이 헌신하는 수직적 위계를 강력히 추구했던 과거에 비해 개인을 존중하는 문화가 빠르게 자리 잡고 있는 것도 이유가 될 수 있다. 하지만 문제는 개인의 취향을 존중받고 싶지만 타인의 취향은 혐오하는 세태다. 물론 나와 다른 삶의 생활양식을 마주할 때 두려움을 느끼는 건 자연스러운 일이다. 그러나 타인의 삶을 혐오하는 것이 개인과 공동체의 안녕에 도움이 되지 않는 건 자명하다.

타인의 취향은 이해가 가능한 것인가? 타인을 이해하며 소설을 쓰고 캐릭터들을 만드는 소설가는 어떤 노력을 거쳤는지 궁금했다. "소설을 쓰기 위해 새로운 인물을 만들어 내고, 겪어보지 않은 인물의 삶을 이해하는 작업도 있을 텐데요. 작가님은 어떤 방식으로 타인을 이해하나요?"

♦   소설가의 일, 김연수 저, 문학동네, 2014

"먼저 저의 선입견을 없애려고 노력해요. '내 생각이 틀렸다'는 마음에서 시작하는 게 중요한 태도입니다. 그리고 관련 인물을 만나서 이야기를 듣습니다. 하지만 취재만으로는 부족해요. 말하는 사람도 자신에 대해 잘 모르는 경우가 많아요. 그래서 저는 책을 참고하여 이해하려고 합니다. 직업이나, 사람의 유형, 주변의 세계에 대해 묘사한 책을 읽고 종합적으로 '이런 마음일 것이다' 추측하는 거죠. 그 사람 마음속으로 들어가면 좋은데 그렇게 할 순 없으니, 그 마음을 상상하면서 쓰는 거예요. 에세이를 쓸 때와는 많이 다릅니다. 저는 모든 소설은 존재의 가치가 있다고 생각해요. 소설가는 타인을 깊이 이해하는 마음으로 그 소설의 주인공을 공부하고 고뇌하며 만들어 냅니다. 그렇게 탄생한 소설가의 타인은 그 소설을 읽는 독자에게 굉장히 의미 있는 타인이 됩니다. 그 작업이 지난하여 소설가의 신작이 늦어지는 이유기도 하죠. 소설의 캐릭터를 이해하기도 이처럼 쉽지 않은데 타인을 이해하는 것은 또 얼마나 어려운 일인지를 소설을 쓰다 보면 깨닫게 됩니다."

이해하는 것과 이해하려는 노력은 엄연히 다르다. 심리학에서는 '타인의 마음 문제'♦ 라는 명제가 있다. 그 누구도 타인의 마음을 알

♦　'타인의 마음 문제Problem of Other Minds'는 『심리학 개론』 본문에 언급되는 개념으로, 의식을 설명할 때 타인의 의식을 지각하는 것이 근본적인 어려움이 있다는 걸 설명하는 문제다. 인간은 기본적으로 경험에 의해 타인을 마음을 추정하지만 그 추정이 맞는지 증명할 방법은 없다.

수 없고 오직 자신의 경험에 기대어 타인의 마음을 추측하는 게 최선이라는 것이다. 때문에 내가 누군가를 이해해야만 함께 살아갈 수 있다는 오만은 접어두는 편이 좋다. 취향은 이해할 수 없는 영역이라는 걸 받아들여야 한다. 지금 누군가와 함께 삶을 공유하고 있고 또 누군가와 동일한 목표를 갖고 움직이고 있다면, 이미 서로는 상대를 받아들이기 위해 엄청난 노력을 하는 것이다.

톨스토이는 '취향이 인간 그 자체'라는 말을 남겼다. 온전한 한 사람의 개인적인 취향은 자신을 제외하고는 누구도 이해할 수 없다. 그러므로 타인을 이해한다는 것은 타인의 취향 그 자체를 존중하겠다는 말과 같다. 타인과의 관계를 맺기 위해서는 소설가가 자기 소설의 등장인물을 이해하려는 노력처럼 진중히 애쓰는 마음이 필요하다.

그날의 인터뷰를 돌이켜보면 김연수 소설가와 나눈 이야기는 결국 취향에 관한 이야기였다. 그는 나의 질문에 답하며 소설가는 취향을 어떻게 다루는지, 타인의 취향은 어떻게 받아들이는지 일상적이지 않고 소음에 가까운 취향을 왜 존중하고 관심을 두는지에 대해 말해줬다. 빅데이터는 우리의 삶을 편리하게 만들지만 우리가 삶을 살아가야 할 이유까지 주지는 못한다. 하지만 소설가의 다정한 글은 우리가 삶을 살아가는 데 큰 힘과 이유를 실어준다. 앞으로도 오랫동안 김연수 소설가의 문장을 볼 수 있기를 바란다. 그의 문장이 나뿐 아니라 또 다른 누군가의 희망이 되기를 바란다.

부르디외가 일깨워준 것들

부르디외와 취향에 대한 글을 쓰다 보니 자연스럽게 그의 책들과 힘겨루기하는 날이 많았다. 부르디외의 문장은 과연 소문대로 극악했는데 원전의 번역도 그에 못지않게 난해했다. 하지만 뜨문뜨문 이해되는 부르디외 문장은 결국에는 커다란 파도가 되어 나의 가슴을 때렸다. 그렇게 읽고 또 읽다 보니 언제부턴가 그의 글들과 친숙해져 나중에는 부르디외와 대화를 나누는 느낌마저 들었다. 때문에 처음 이 책을 기획할 때 어떤 형식으로 써야 할까 고민이 많았다. 나에게 부르디외의 존재는 인생의 경험을 나누는 친근한 형이었고 사회학의 선배였으며, 자신의 학문으로 사회를 변화시키고 싶다고 보채는 친구였다.

부르디외는 사회학이란 자신을 지키는 무술이라고 말했다. 그가 사회학을 무술이라고 칭한 이유는 우리가 의연한 삶을 살 수 있도록 힘을 보태주는 학문이기 때문이다. 내가 부르디외의 글을 통해 깨달은 몇 가지 메시지를 소개하고자 한다.

현상의 진실을 보기 위해 노력한다. 특히 금융회사의 경제 연구소가 발행하는 통계 리포트와 언론에서 통계청의 데이터 인용해 사회적 영향을 분석한 기사를 유심히 보는 습관이 필요하다. 데이터가 없거나 잘못된 데이터를 기반으로 한 주장에 흔들리지 않기 위함이다. 또한 사회에 미치는 영향이 큰 법안이 발의되는 경우, 최초의 발화점을 찾아본다. 해당 법안이 어떤 단체로부터 시작되었고 그들의 성향은 무엇이며 얻고자 하는 것은 무엇인지 생각하다 보면 내가 지지해야 할 대상이 명확해진다. 대중이 접하는 언론 기사에는 진실보다 발행자의 목적만 남아 있을 가능성이 크다. 진실은 언제나 화려한 단어와 상징으로 가려져 있기 때문이다. 눈에 잘 띄지 않는 진실을 보기 위한 노력을 시작할 때 우리는 진정 자유로워질 수 있다.

객관적으로 나를 인식하자. 계층 사회에서 나의 위치를 인지하는 것은 중요하다. 내가 딛고 있는 곳을 먼저 인식해야 다음 단계를 밟아나갈 수 있기 때문이다. 스마트폰 지도 앱을 켜면 GPS를 통해 내가 위치한 곳에 점이 찍힌다. 나의 위치가 확인되면 어느 방향으로 나아갈지 정할 수 있다. 자신의 가구 유형과 소득 수준이 어떤 위치에 속해있더라도 감정에 너무 치우치지 말자. 어느 곳에 서 있던 그곳은 온전히 나의 노력이나 성실성으로만 위치한 곳이 아니다. 개인의 노력이 상황을 변화시키는 데 한계가 있다는 걸 인지하기 위해서는 비판적으로 사회를 보는 연습이 필요하다.

적극적으로 도움을 주고받아야 한다. 내가 어디에 조난되어 있는지 그리고 타인이 그런 나에게 어떤 도움을 줄 수 있는지 명확한 도움을 요청해야 한다. 상징화된 문화 자본을 소비할 수 있는 여력이 없다면 우리는 서로의 관계 자본이 되어 함께 자본을 키워야 한다. 스스로 고립되어 누구와도 관계 자본과 문화 자본을 교류하지 않는다면 우리의 자본은 멈출 것이고 멈춰있는 자본은 더 이상 자본이 아니다. 도움은 서로의 자본을 끌어올려 주는 상호작용이다.

나만의 소우주를 만들고 커뮤니티를 통해 그것을 확장한다. 사회가 주입하는 아비투스에 휘둘리지 않으려면 나만의 장을 견고히 하여 사회적 장과 대립해야 한다. 또한 더욱 다양한 장에 참여해 나만의 문화 자본을 두텁게 만들어야 한다. '장'이라는 커뮤니티 안에서 우리는 도움을 받을 수 있고 목소리를 내고 인정을 받을 수 있다. **이와 같은 노력이 사회라는 커다란 구조에서 발생하는 문제에 수동적일 수밖에 없는 우리의 삶을 조금이나마 능동적으로 삶을 대처할 수 있도록 한다.**

시골 학교 출신이었던 부르디외는 촉망받는 수재였다. 때문에 파리의 귀족 가문의 상류층이 속한 엘리트 교육장에 참여할 수 있었다. 하지만 고귀한 출신의 행동 양식이 몸에 익은 이들과 사투리를 쓰는 서민이었던 부르디외는 서로 잘 어울리지 못했다. 더군다나 그들은 소시민의 삶에는 관심이 없었다. 그들이 공부하고 주장하는 철학은 소모적이고 장식적이었으며 실용적이지 않았다. 이러한 경험을 토대로 부르디외는 선택을 해야 했다. 엘리트가 주류인 장에서 그들의 삶과 인정을 추구하며 사는 것과, 비주류가 되어 그들과 다른 길을 걸으며 자신만의 장을 형성하는 것 둘 중 하나를 말이다.

부르디외의 선택은 대중의 삶을 더 나아지게 만드는 사회학이었다. 결국 그는 자기 선택에 충실했고 실천하는 지식인, 성찰하는 사회학자로 성장했다. 자신의 배움에서 그치지 않고 사회의 크고 작은 변화가 있을 때마다 텔레비전에 출연하고 집회에 참여하며 자신이 배운 학문을 실천했다. 이렇듯 부르디외의 삶을 차근차근 되돌이켜보면 그의 삶도 그를 둘러싼 환경과 구조로 인해 만들어진 작품에 가까웠다. 그의 이론처럼 사회적으로 어떤 경험에 노출되는 것은 개인의 삶에 큰 영향을 미친다. 히지만 경험이 나를 결정하도록 두지 않고 스스로 성찰하여 자기만의 길을 선택한다면 더 높고 넓은 세상에 도달할 수 있다는 것을 부르디외가 몸소 보여주었다.

성찰하는 사회학자 부르디외가 남긴 유산은 나 자신을 설명할 수 있는 '언어'다. 삶에 켜켜이 쌓인 나의 사회학적인 사건들을 해석할 수 있는 언어 덕분에 스스로의 삶에 대한 비난을 멈출 수 있었다. 부르디외의 지혜를 빌려 나의 언어가 트인 것처럼 이 책이 또 다른 사람의 언어가 되어주길 바란다. 그리고 가능한 많은 사람이 사회학의 촛불을 밝히며 자신만의 길을 담담히 나아가길 기대한다.

Special Thanks to

◆

『취향은 어떻게 계급이 되는가』의 발단은 브런치라는 연재 플랫폼이었다. 2017년 말에 쓰였던 동명의 아티클에 많은 사람들이 호응해 주었고 덕분에 꾸준히 취향에 대한 글을 시리즈로 낼 수 있었다. 그때 독자들이 만들어 준 조회수와 댓글들이 디지털 자본이 되어 이렇게 책으로 출간된 것이다. 그때 글을 즐겁게 읽어준 분들께 우선 감사 인사를 드린다.

'취향'은 개인의 내밀한 성향이라는 뜻을 담고 있다. 그렇다 보니 작가의 개인적인 아비투스를 보여주지 않고 취향을 논하기는 어려워 개인의 경험을 녹인 사회학 기반의 에세이를 쓰게 되었다. 사사롭지만 이 방법으로 부르디외와 독자의 간극을 좁히고 싶었다.

책을 잘 마칠 수 있었던 이유는 나를 존중하고 사랑해 준 사람들이 있기 때문이다. 이들은 내가 삶의 여정에 도움이 필요할 때마다 기회와 용기를 주었다. 지금까지 내가 이룬 모든 성과는 모두 이들의 격려와 도움으로 이루어진 것이다. 이 책을 쓰는 데 도움을 준 나의 친애하는 '관계 자본'에 감사의 말을 꼭 전하고 싶다.

먼저 이 책을 쓰는 일에 큰 용기와 도움을 준 나의 아내 최소희와 세상에서 가장 큰 행복을 안겨준 딸 다연이에게 사랑한다는 말을 전한다. 또한 은퇴 후 다연이를 돌봐주시는 장모님에게 감사드린다. 아이의 육아에 헌신해 주신 장인어른과 장모님의 도움으로 무사히 원고를 마감할 수 있었다.

다음으로 이 책이 세상에 나올 수 있도록 도움 주신 지음미디어 임충진 대표님에게 감사 인사를 전한다. 출판업계 선배로서 항상 든든한 버팀목이 되어 주셨던 대표님이 오래전 이 책의 초기 원고를 눈여겨 봐주신 덕분에 무사히 책을 마칠 수 있었다. 또한 이 책의 편집을 맡아 주신 강민영 편집자에게도 감사 인사를 전한다. 소설가로서 뛰어난 재능을 가진 분에게 나의 글을 맡기는 것에 대해 큰 부담과 미안한 마음이 동시에 들었지만 다수의 행복을 위한 길이라는 생각에 과분한 도움을 요청했다.

이 책이 나오는 데 도움을 준 회사와 지인분들에게도 특별히 감사 인사를 드린다. 일과 육아의 병행으로 시간이 부족한 나를 항상 배려해 주고 조언해 주는 밀리의 서재 출간사업본부원들과 출간사업팀 이인석, 김진호, 이민해, 이해안 님에게 감사 인사를 전한다.

7년 반 동안 함께 성장한 리디와 리디의 구성원에게도 감사 인사와 존중을 보낸다. 항상 나를 신뢰하고 기회를 주었던 정문석 대표, 강성민 그룹장, 황하늘 그룹장, 홍진형 그룹장에게 감사 인사를 전한다. 리디 웹툰팀 김윤경, 윤수지, 강민정, 김진영, 홍은지, 송서미 님에게 감사 인사를 전한다.

끝으로 나의 삶을 조건 없이 사랑하고 응원해 준 누나 나아란과 매형 이재윤에게 감사하고 동생 나실리와 매제 동규, 그리고 아낌없이 사랑을 나눠 준 처형 최소영과 재구 형님에게 감사드린다. 마지막으로 부모님에게도 감사 인사를 전한다. 성장하며 삶의 기쁨을 누릴 수 있었던 것은 부족한 환경에도 훌륭한 양육을 제공해 주신 덕분이다. 이 밖에도 감사한 분들이 너무 많지만 다음을 기약하며 마치도록 한다.

취향은 어떻게 계급이 되는가

초판 1쇄 발행 2024년 7월 26일
초판 4쇄 발행 2024년 10월 31일

지은이 나영웅
펴낸이 임충진
펴낸곳 지음미디어
편집 강민영
디자인 김미령

출판등록 제2017-000196호
전화 070-8098-6197
팩스 0504-070-6845
이메일 ziummedia7@naver.com

ISBN 979-11-93780-06-0 (03300)
값 17,000원

© 나영웅, 2024